부모와함께하는

일상생활 속 수학놀이

홍혜경 · 김정아 · 차현화 · 김 현 · 김현정 · 천혜경 지음

창지사

머리말

수학! 대부분의 사람들은 '수학' 이라는 단어를 들으면 복잡한 수학 공식 등을 떠올리며 머리 아파합니다. 하지만 수학은 생활 속 어디에서나 다양하게 활용되고 있으며 수학과 떨어져서는 단 하루도 살 수 없습니다. 가령, 보험이나 적금을 들면서 이자 혜택을 비교할 때, 시장에서 물건 값을 어림할 때, 주유하면서 기름 양과 금액을 예측할 때 등 이미 우리 삶은 다양한 수학적 기호의 연장선상에 있다고 해도 과언이 아니겠지요! 또한 매일 사용하는 컴퓨터는 기수법 및 이진법과 같은 수학적 연산을 통해 작동되며, 통계를 이용한 자동차의 에너지 소비량, 넓이와 부피를 측정하여 책장과 집기류 등을 제작하는 건축 기술, 날씨를 예측하는 기상예보 등 생활 전반에서 수학적인 능력이 요구되고 있지요. 어디 그뿐인가요! 나에게 딱 맞는 배우자를 만날 수 있는 확률에 이르기까지 우리 인생은 실로 수학적 사건들로 꽉 차 있다고 할 수 있습니다. 이렇듯 생활 곳곳에 수학적인 요소가 가득 차 있는 것처럼 우리는 수학을 생활의 일부로 받아들여야 하며 수학은 어렵고, 피하고 싶은 학문이 아니라 언어와 같이 생활에 즉각적으로 활용되기 때문에 수학을 두려워하고 무서워하는 마음부터 차근차근 바꿔 나가야 합니다.

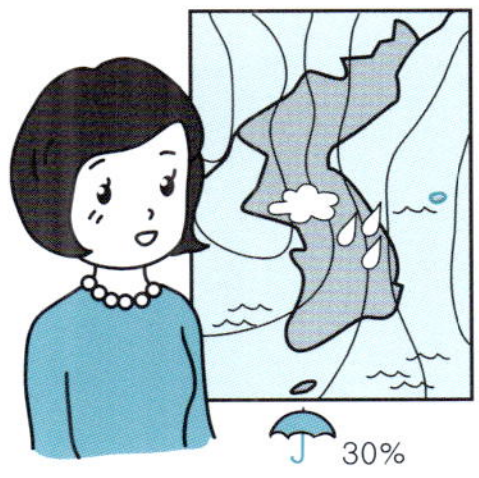

생활에 스며들어 있는 무수한 수학적 개념과 원리들을 이해한다면 부모들은 아이가 생활 속 수학에 능동적으로 참여하여 수학적인 경험을 할 수 있도록 도와줄 수 있습니다. 뇌 발달에 관한 최근의 연구들에 의하면 아이들의 사용되지 않는 뇌세포는 쉽게 소멸되기 때문에 다양한 자극에 지속적으로 노출시켜 준다면 뇌세포의 움직임이 활성화되고 뇌세포를 연결시켜 주는 시냅스가 강화되어 오히려 정보처리 능력이 원활해진다고 합니다. 즉, 한 가지 활동을 단숨에 끝내는 것보다는 부모와 아이가 함께 생활 속에 숨어 있는 수학적 현상을 파악하여 수학적 사고력을 지속적으로 키워 주어 '꼬마 수학자' 처럼 스스로 생각할 수 있는 힘을 길러 주는 것이 필요하겠죠! 그렇다고 엄마가 수학 전문가가 되어야 할 필요는 없어요! 오히려 엄마가 강제로 이끌어 가는 수학적 경험이나 놀이는 아이가 수학을 멀리 하게 할 수도 있답니다.

자, 그럼 어떻게 하면 수학을 능숙하게 잘하는 아이로 키울 수 있을까요? 어떻게 하면 내 아이가 수학에 질리지 않을까요? 여기, 엄마들이 꼭 알고 싶어 하는 '수학 잘하는 내 아이로 기르는 비법' 을 소개하고자 하였습니다. 일상생활에서 자연스럽게 할 수 있는 다양한 수학적 놀이를 아이와 함께 즐겨 보세요!

2010년 11월

저자 일동

// 차례 //

1부 일상생활 속 수학 알아보기

1. '일상생활 속 수학' 이란?

아이들은 구체적이고 실제적인 경험을 통해 지식을 이해하고 배우게 됩니다. 즉, 생활 속에서 기본적인 지식을 자연스럽게 터득하게 됩니다. 수학도 학문이기 이전에 자연스러운 경험을 통해 몸으로 획득하는 살아 있는 지식이기 때문에 교육이라는 생각보다는 놀이나 생활 속에서 다루어지는 것이 바람직합니다. 따라서 가게에서 물건을 사고, 식사 준비를 하고, 요리하는 것과 같이 생활을 통해 수학적 지식을 이해하고, 획득된 지식을 실제로 적용해 볼 수 있어야 합니다.

'생활 속 수학' 이란 가정의 일상에서 경험하는 수학적인 상황을 통해 자연스럽게 아이들이 수학 능력을 키울 수 있도록 돕는 것을 말합니다. 즉, 아이들이 생활 속에서 자연스럽게 수의 개념과 공간, 부피, 분류의 개념까지 익히도록 하는 이른바 경험에 기초한 '엄마표 수학교육' 을 일컫습니다. 대부분의 부모들은 아이가 걷기 시작하고, 말문이 트일 무렵 장난감을 가지고 아이랑 놀아 주지요. 이럴 때 사물의 크기, 모양, 색깔을 비롯한 수의 개념을 놀이로 접근시켜 준다면 아이들이 수학을 즐겁게 여기게 됩니다.

아이들은 일상에서의 다양한 상황을 통해 나름대로 수학적 능력을 터득하게 되므로 생활에서의 수학적 경험은 매우 중요합니다. 이는 발음이나 말하기를 의도적으로 가르치지 않고 엄마와 일상적인 대화만으로도 아이들이 자연스럽게 언어를 배우게 되는 것과 같은 이치이죠. 따라서 수학의 무엇을 가르쳐야 하는지에

애쓰기보다 부모들이 아이들과 함께 수학을 즐기려는 자세가 필요하며 다양한 상황 속에 나타나는 아이들의 수학적 사고를 유도해 주면 됩니다.

수학은 공부하는 것이 아니라 놀이처럼 자연스럽게 몸으로 터득해야 하는 것입니다. 생활 속에서 놀이를 통한 수학은 가정에서 흔히 이루어지는 학습지에 의한 수학교육보다 교육적인 가치가 훨씬 더 큰 방법이며 아이들 스스로 '수학은 재미있어' 라는 생각을 갖게 할 수 있습니다. 더불어 '너는 수학을 참 좋아하고 잘하는구나' 라는 부모님의 말 한마디는 아이에게 수학에 대한 긍정적인 태도와 자신감을 심어 주는 소중한 자양분이 되어 줄 수 있겠지요!

2. 가정에서의 일상적 경험이 수학 능력을 튼튼하게 해 주지요!

아기가 처음 만나는 세상은 엄마, 아빠, 형제가 있는 가정이라는 '울타리' 입니다. 이 울타리 속에서 어엿한 사회의 구성원이 되기까지 아이는 가족의 사랑을 통해 많은 것을 보고 배우면서 성장해 나갑니다. 일상에서 이루어지는 여러 상황들 속에 삶을 살아가는 방법뿐만 아니라 언어 능력, 수학 능력 등의 인지 능력도 터득해 나갑니다.

수학교육학자 Geist(2009)는 아이들은 수를 이해할 수 있는 능력을 타고난다고 주장하며, Chomsky(1965)가 말한 '언어 습득 장치(language acquisition device)' 가 언어를 학습할 수 있는 기본적인 틀을 제공하듯이 '수학 습득 장치(mathematics acquisition device)' 는 아이들에게 수학을 할 수 있는 기본적인 틀을 제공한다고 합니다. 영아는 태어날 때부터 보고 들으면서 말을 배우기 시작하고 이를 통해 문법과 문장을 사용하게 되지요. 이와 마찬가지로 아주 어린 영아들도 더하거나 빼기, 수 세기를 직접적으로 가르치지 않더라도 직관적으로 양을 비교할 수 있고, 양의 변화를 예측하는 등의 수학적 사고를 할 수 있으며 이러한 사고는 추후 학교에 들어가 배우게 되는 형식적인 수학 학습의 밑거름이 되어 줍니다.

최근 수학교육학계에서는 아이들의 타고난 수학적 능력보다도 어려서 접하는 수학적 환경의 중요성을 더 많이 강조하는 분위기입니다. 심지어 유아의 언어 능력보다 수학 능력이 취학 후 학업 성취를 잘 예측한다고 보고 있습니다. 아이들은 사람과의 관계 및 주변 환경의 영향을 통해 수학 능력이 발달됩니다. 부모들은 흔히 형식적인 수학 공부를 시작하기 이전에 아이들에게 하나, 둘, 셋, 넷 등의 숫자 세기를 가르친 후 아이가 숫자를 읽고 100까지 정도의 수를 셀 수 있으면 만족해합니다. 그러나 수학은 수 세기뿐만 아니라 공간, 도형, 측정, 규칙성, 통계 등 그 내용이 매우 다양합니다. 부모가 또박또박한 목소리로 이야기를 많이 해 줄 때 아이들의 언어 능력이 더욱 촉진되는 것처럼, 수학적 상황들을 자주 접하고 다루어 본 아이들의 수학 능력 또한 더욱 발달된다고 할 수 있습니다. 즉, 아주 어려서부터 생활 속에서 엄마와 함께 자연스럽게 수를 세거나 집 안에서 동그라미, 네모, 세모의 도형 찾아보기, 엄마, 아빠, 내 물건 구분해서 분류해 보기, 물건을 크기 순으로 순서 짓기 등의 수학적 상황들을 자주 접하게 되면 잠재된 수학적 재능이 자극을 받아 수학 능력이 더욱 잘 계발될 수 있겠죠!

따라서 가정에서 아이들이 수학적 사고를 할 수 있도록 부모가 수학적 환경을 만들어 주는 것이 필요합니다. 그렇다고 아주 어릴 적부터 집 안 곳곳에 숫자판을 붙여 놓거나 아이의 방을 온통 수학교육용 장난감으로 꽉꽉 채우는 것으로 오해해서는 안 됩니다.

수학적 환경이라 함은 가정에서 부모나 가족이 물건을 분류하거나 장난감을 정리할 때 "와~ 장난감을 크기 순서대로 놓았구나." 등의 칭찬을 자주 해 주고,

"아빠 신발은 크다~ 그런데 우리 딸 신발은 작네."와 같이 이야기하고, 놀이터에서 시소를 타면서도 "아빠는 낮아졌고 우리 딸은 높아졌구나." 등 자연스럽게 수학적인 용어를 사용함으로써 아이가 수학적 관계에 관심을 갖게 하고, 수학을 재미있는 놀이로 느끼게 해 주는 것입니다. 즉, 엄마 자신이 수학 전문가가 아니더라도 자연스런 일상의 상황에서 아이가 수학에 대한 관심을 가지고 탐색할 수 있도록 하는 것이 바로 수학적 환경이라고 할 수 있습니다.

아이와 함께 수학 놀이를 할 때에는

- 생활 속 수학 놀이는 공부가 아니라 아이와 함께 대화하면서 즐겁게 놀이하는 것입니다.
- 놀이 속에서 자연스럽게 시작하여 아이가 관심을 보일 때 이루어지는 것이 더 효과적입니다
- 만약 아이가 오답을 말할 경우 '틀렸다'고 지적하기보다는 왜 그런 답을 생각하게 되었는지 다시 한 번 물어보세요.
- 엄마나 어른 중심의 놀이가 아니라 아이가 중심이 되는 놀이여야 합니다.
- 아이가 자주 틀릴 경우 내 아이가 수학을 잘 하지 못한다는 실망감보다는 아이와 함께 보내는 시간에 더 큰 의미를 두세요!

3. 아이들의 수학적 능력은 태어나면서부터 시작되지요!

아이들은 태어나서부터 놀이나 일상 경험을 통해 비형식적인 수학적 능력을

습득하게 됩니다. 그럼, 여기서 아이들의 수학적 능력을 살펴보도록 하지요.

영아(0~2세 미만) 및 걸음마기 아기(만 2~3세)들의 수학적 능력

물고 빨고 우는 것이 일상인 아기들은 우리가 생각하는 것보다 훨씬 더 많은 능력을 소유하고 있답니다. 태어날 때부터 아기들은 양의 증감에 대해 민감하게 반응하고 점차 주변의 물리적, 사회적 환경과의 접촉을 통해 수학적 사고 방법을 획득하게 됩니다. 한 살 전후의 아기들은 스스로 걸어 다니면서 보다 관심이 있거나 흥미 있는 주변의 물체를 적극적으로 탐색하기 시작합니다.

생후 2~3개월 된 신생아도 2~3개 물건의 수량 차이를 이해하게 되며, 생후 12~14개월 이후의 아기들은 같고, 많고, 적음의 관계를 인식하기 시작합니다. 생후 13~15개월 아기들은 상자 안에 물체를 넣을 수 있고, 2개 정도의 블록을 쌓을 수 있으며, 둥근 모양의 구멍에 원기둥을 끼울 수 있게 되지요. 생후 16~18개월의 아기들은 2~4개 정도의 블록을 쌓을 수 있으며, 같은 것끼리 짝 짓기도 할 수 있게 됩니다. 생후 19~24개월의 아기들은 4~8개 정도의 블록을 쌓을 수 있고 큰 구슬 꿰기도 잘한답니다. 이처럼 생후 24개월 미만의 아기들은 적은 수량일 경우 어느 정도 많고 적음 등의 양적인 비교나 더하고 빼는 등의 산술적 관계를 이해하고 있습니다. 이 얼마나 놀라운 능력인가요!

생후 24~27개월 아기들은 쌓여 있는 블록을 모방하여 쌓거나 컵을 포개어 탑을 쌓을 수 있습니다. 생후 28~30개월 영아들은 짝 짓기에 관심을 보이며 30개월 이후가 되면 같은 것끼리 짝 짓기, 1:1대응하기, 4~5조각의 퍼즐을 맞출 수 있게 됩니다.

13개월 경

20개월 경

30개월 경

만 3~5세 아이들의 수학적 능력

만 3~5세 아이들은 수 단어 및 수 세기, 순서 짓기, 더하기와 빼기, 기하 및 공간 관계, 부분과 전체의 어휘 사용, 비교하기, 비형식적 측정, 패턴, 구체적 수의 연산 등의 수학적 능력을 터득하게 됩니다. 3세 이후부터는 언어의 획득으로 의사소통이 자유롭기 때문에 정보를 탐색하고 조작하는 능력이 보다 활발해져 다양하고 복잡한 수학적 탐구가 가능해지는 시기이지요.

3세 아이들은

- 하나, 둘, 셋, 넷, 다섯…… 열까지의 수 세기를 하면서 수 단어를 익혀요.
- 마지막에 센 수가 물체의 전체 양임을 나타내는 기수의 원리를 이해해요.
- 3개 정도의 물건을 직접 세지 않아도 한눈에 몇 개인지를 알게 되는 즉지 능력도 발달해요.
- 아래, 옆, 사이 등의 공간적 위치, 길이, 무게와 같은 물체의 속성을 비교할 수 있어요.
- 더 길고, 더 크고 등의 비교급 어휘를 사용해요.
- 한 가지 속성을 고려한 단순 분류도 가능해요. (예: 네모끼리 모으기)

수 단어

네모끼리 모으기

4세 아이들은

- 자발적으로 수 단어 세기를 즐기며 30까지는 연속적으로 셀 수 있어요.
- 하나~아홉까지 반복되는 규칙을 이해해요.
- 5, 4, 3, 2, 1처럼 거꾸로도 셀 수 있어요.
- 10개 정도의 물체를 셀 수 있어요.
- 5개 정도의 물건은 즉지할 수 있어요.
- 물건을 이용하여 더하기 빼기를 할 수 있어요.
- 두 사람에게 똑같은 양의 물건을 나누어 줄 수 있어요.
- 도형을 조합하고 분해하여 새로운 도형을 만들 수 있어요.
- 블록을 이용하여 구체물 지도를 만들 수 있어요.
- 손 뼘, 팔 길이 등의 비표준 단위를 사용하여 길이, 크기를 잴 수 있어요.

비표준 단위로 길이, 크기 재기

나 2개 너 두개

5세 아이들은

- 1~100까지의 수 단어 체계를 이해할 수 있어요.
- 10이나 100의 생성 단위를 이용하여 10, 20, 30, …… 100, 200, 300 …… 단위의 수를 셀 수 있어요.
- 도형의 다양한 특징을 말로 설명할 수 있어요. (예: 원은 동그랗고 각이 없으며 잘 굴러가요.)
- 도형을 합성하고 분할할 수 있어요.
- 위치적 관계나 친숙한 지역을 그림으로도 나타낼 수 있어요.
- 비표준 단위를 사용하여 반복적으로 재어 본 후 물체를 비교할 수 있어요.
- 저울, 자, 계량컵과 같은 표준 측정 도구를 사용해 보고 cm, mℓ, kg 등의 표준 단위를 탐색할 수 있어요.
- 두 가지 속성을 고려한 복합 분류도 가능해요. (예: 빨갛고 네모난 것끼리 모으기)
- 그림이나 막대그래프로 나타내고 수를 세어 비교할 수 있어요.

위치적 관계 표상하기

도형의 합성 및 분할

4. 수학 능력은 생후 첫 6년에 결정되지요!

수학 능력이란? 수학적 재능이나 논리수학적 지능을 의미하며, 직관력이나 논리적 추론 능력을 가장 중요한 요소로 간주하고 있습니다.

1) 수학 능력은 영유아기에 가장 빨리 성장해요!

수학은 아이가 사물의 크기를 비교하고, 직접 수를 세어 보면서 사물의 관계를 이해하게 될 때 습득되는 지식이며 이를 통해 논리적인 사고력이 길러지는 학문입니다. 그러므로 언어에 대한 이해가 어느 정도 가능해졌을 때부터 아기와 함께 할 수 있는 놀이를 시작하면 매우 좋답니다. 아기들은 대략 두 돌 정도가 되면 의사소통에 대한 의지와 능력이 생기며 이 시기부터 수 개념 형성을 위한 탐색 놀이가 가능해집니다.

최근 연구들에 의하면 아기는 태어날 때부터 수량을 인식할 수 있으며, 심지어 한 살 반 정도의 아기도 적은 수의 경우 더하기와 빼기의 관계를 인식할 수 있다고 합니다. 또한 많은 아이들이 유치원에 들어가기 이전에 이미 손가락을 사용하여 더하기와 빼기를 하는 등 수학에 대한 비형식적 지식을 많이 습득하고 있답니다.

2) 비형식적 수학 지식을 많이 획득하고 있으므로 수학교육의 적기예요!

유아기 아이들이 지닌 대표적인 비형식적 수학 능력은 수 세기입니다. 수 세기는 취학 전 아이들의 수학적 사고 능력에 가장 중요한 역할을 하며 아이들은 손으로 수 세기를 하면서 수와 숫자 이름, 수량 관계를 이해하게 되지요. 또한 수 세기를 하면서 특정 수부터 세기, 거꾸로 세기, 묶어 세기 등의 다양한 세기 전략을 습득하게 됩니다. 따라서 수 세기는 유아기 아이들에게 매우 중요한 발달 과업이라 할 수 있습니다. 추후 수학 학습에 큰 영향을 주는 공간과 기하 능력의 획득도 이 시기의 주요한 발달 과업이라 할 수 있는데, 특히 블록을 쌓고,

조립하고, 구성하는 놀이는 공간과 기하 능력의 발달을 도와줍니다. 아이들은 블록을 쌓고, 무너뜨리고, 다시 쌓으면서 공간, 위치, 도형 등의 수학적 지식을 획득하게 되므로 이러한 아이들을 진정 능력 있는 수학적 사고자라고 할 수 있습니다. 여기서 중요한 것은 아이들이 기존에 알고 있는 지식에 새로운 정보를 이리저리 끼워 맞춰 보면서 새로운 수학적 지식을 알아가게 될 때 부모나 성인이 함께 격려하고 지원하는 상호작용이 중요합니다.

3) 영유아기 수학 능력은 학교에서의 학업 성취 능력을 예측해 주지요!

아이들은 수학적 문제를 해결해야 하는 상황에 접했을 때 먼저 자신이 알고 있는 수학적 지식을 적용합니다. 가령, 같은 모양끼리 분류하는 활동을 할 때 같은 모양을 짝 지어 본 경험이 있는 아이가 경험이 없는 아이보다 문제를 더 쉽게 해결하게 됩니다. 어릴 때부터 부모와 함께 한 생활 속 수학 놀이는 아이의 직관력과 논리적 사고력을 자극시켜 주기 때문에 언어 능력보다 수학 능력이 학교에서의 학업 성취 정도를 더 잘 예측해 준다고 합니다. 영유아기의 풍부한 수학적 경험은 추후 수학적 문제 해결력에도 많은 영향을 미치는 파급효과를 가져오게 됩니다.

4) 수학 능력은 계층 간의 차이를 초래할 수 있어요!

영유아기 아이들은 남녀 구분 없이 수학 능력이 비슷하다는 연구 결과들이 많습니다. 그러나 성장하면서 여자 아이가 남자 아이보다 수학 능력이 더 떨어진

다는 것을 자주 접하게 되지요. 그 이유로 수학 능력과 성호르몬의 관련성을 제기한 연구들의 대부분은 기본적으로 수 개념이나 수량을 더하고 빼는 등의 계산 능력은 성별 간의 차이가 없는 반면에 시각, 공간적 기술은 성별에 따른 차이가 나타난다고 합니다. 이는 성호르몬이 공간적 인지를 지원하는 신경회로 체계의 발달에 직접적인 영향을 주기 때문이며, 또한 남아들은 공간 관련 경험을 제공하는 블록 놀이나 물체에 대해서 많은 관심을 보이고, 여아들은 인형놀이처럼 사람과 지속적인 관계를 유지하는 것에 관심을 갖도록 진화되어 왔다고 합니다. 이러한 이유로 성장하면서 여아들은 수학을 기피하면서 자신감을 잃어 가고 이러한 상태가 지속되면 수학 능력에 부정적인 결과가 나타나게 되지요. 따라서 가정에서 여아들의 수학 능력에 관심을 갖고 거부감이나 자신감을 잃지 않도록 생활 속에서 수학적 사고를 길러 주는 것이 필요합니다.

또한 앞으로의 사회는 점점 수학적 능력이 요구되는 사회로 변화될 것이며, 고소득 직업과 전문직에 종사할 경우 수학적 능력이 더욱 필요하게 되고 심지어 수학 능력의 차이가 고소득 전문직으로의 진출 여부를 결정하기 때문에 사회 계층의 차이로 이어질 수 있다는 지적도 있습니다. 그러므로 이 시기의 생활 속 수학 경험은 기초적인 수학 능력의 형성에 매우 중요하며, 특히 여아와 저소득층 아이들의 수학 능력 발달에 관심을 가져야 하는 이유도 여기에 있습니다.

5) 다양한 직업 분야에서 수학적 능력이 활용되고 있어요!

'수학을 왜 공부해야 하는가?' 로 한때 고민해 본 적이 있지 않은가요? 덧셈, 뺄셈, 곱셈, 나눗셈만 잘해도 이 세상 살아가는 데 걸림돌이 없는데 왜 굳이 그 복잡한 수학 공식을 외우라며 사람을 달달 볶을까? 그게 인생에 무슨 도움이 될까?

이 질문에 대한 해답은 바로 수학이 학문으로서가 아니라 사람을 논리적으로 훈련시키는 가장 좋은 학문이라는 것입니다. 수학적 능력은 공식을 외워서 그 해답을 찾아 나가는 것도 중요하지만 그러한 공식이 어디서, 왜 생겨났는지부터 되짚어 보도록 합니다.

최근에 부각되고 있는 다중지능 이론 중 수학은 사람이 인생을 살아가면서 겪는 모든 문제를 해결하는 방법을 알려주는 '논리수학적 지능' 에 해당됩니다. 논리수학적 지능은 어떤 현상을 관찰하고 분석한 뒤 각각의 속성을 비교하고 분류해서 원인과 결과를 찾아내는 능력입니다. 암산을 잘하거나 수학을 좋아하는 아이, 장기, 바둑, 체스를 즐기는 아이는 대개 논리수학적 지능이 높은 편이죠. 이처럼 논리수학적 지능은 어떠한 문제를 논리적으로 분석하고 가설을 세운 후 숫자나 기호, 규칙 등 수학적 개념이나 실험 등 과학적 방법을 거쳐 문제를 해결하도록 해 주지요. 또한 논리수학적 지능에는 논리적 사고력, 수학의 원리를 이해하는 수학적 사고 능력, 실제로 숫자를 다루는 능력인 수리력이 있습니다. 이 중 수학적 사고 능력은 많은 정보를 체계적이고 논리적으로 사고할 수 있도록 도와주어 다양한 문제를 합리적으로 해결할 수 있도록 돕기 때문에 학교 공부를 할 때나 일상생활을 할 때 가장 기본이 된다고 할 수 있습니다.

수학 능력은 특히 재테크를 할 때 수리적 계산과 추론을 잘하게 되고, 시세차익과 은행 금리, 환율, 보험 관련 업무를 합리적이고 논리적으로 처리할 수 있게 도와주므로 매우 유용한 능력이라고 할 수 있겠죠. 뿐만 아니라 수학적 능력이 잘 형성되면 과학 및 공학의 분야, 금융이나 회계, 기상센터, 의료, 수사, 애니매이션 등 직업 선택의 폭이 넓어지고 고소득의 전문직으로의 진출도 훨씬 쉽겠지요. 뿐만 아니라 운동경기에서 득점 계산, 극장에서 좌석 찾기, 날씨의 비 올 확률 등 우리의 생활을 즐겁게 하는 데도 수학은 활용되고 있습니다.

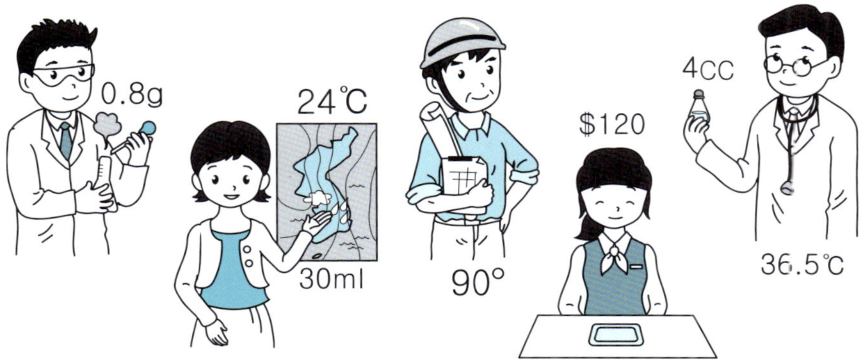

5. 일상생활 속의 수학! 무엇을 배울까요?

아이들의 수학이라면 흔히 물체를 세고, 숫자를 읽고, 간단한 더하기와 빼기 정도로 생각하기 쉽습니다. 하지만 어린 아이 시기에도 그 이상의 수학적 경험이 가능합니다.

유치원 교육과정(교육과학기술부, 2008)에서는 '생활 주변의 문제를 논리수학적으로 해결하기 위한 기초 능력을 기른다'라는 수학 관련 목표를 두고, 수학적 기초 능력 기르기를 위한 하위 내용으로 수 감각 기르기, 공간 및 도형에 대해 알아보기, 기초적인 측정해 보기, 규칙성 이해하기, 자료 정리 및 결과 나타내기를 제시하고 있습니다. 특히 생활 속에서 구체적인 사실과 경험을 바탕으로 수량 관계와 공간 및 도형에 대한 심상(mental image)이 형성되어 점차 추상적인 개념을 형성하게 된다고 보아 유아기에 직관적인 수학적 감각을 기르는 것이 중요함을 강조하고 있습니다. 즉, 아이들의 일상생활 속에서 수학을 경험하게 하는 것이 중요하다는 것입니다. 유치원 교육과정에 제시된 수학 내용을 중심으로 좀 더 자세히 살펴보면 다음과 같습니다.

1) 수 감각 기르기

수 감각(number sense)은 단순히 수를 암기하거나 세는 능력뿐만 아니라, 숫자를 읽고 쓰기, 수와 그 수가 지칭하는 사물 짝 짓기(기수), 숫자의 크기를 직관적으로 느끼기, 수를 사용해서 논리적으로 추론하기, 세지 않고 눈으로 보거나 머릿속으로 부분–전체 관계를 이해하기 등 여러 가지 상호 관련된 복잡한 개념들의 집합입니다(Smith, 1997).

아이들은 수가 다양하게 활용되고 있는 생활 속에서 일찍부터 수와 관련된 단어를 사용합니다. 또한 수는 물체를 세는 것뿐만 아니라 은행의 대기 번호와 같이 순서를 나타낼 때, 극장의 좌석처럼 위치를 나타낼 때, 버스 번호나 상품 모델 등을 나타낼 때, 측정할 때 등 여러 상황에 활용되는 것을 보면서 수 감각을 기르게 됩니다. 그러나 아이는 수의 보존 개념이 획득된 후에 수의 진정한 의미를 이해하기 시작합니다. 수의 보존 개념이란 시각적으로 변형된 배열이나 이동에 상관없이 그 양은 동일하다는 것을 아는 것을 말합니다. 어린 아이의 경우 같은 수의 바둑알도 길게 늘어놓은 줄의 바둑알이 더 많다고 판단하는데 이는 보존 개념보다는 시각적 지각에 더 영향을 받기 때문입니다.

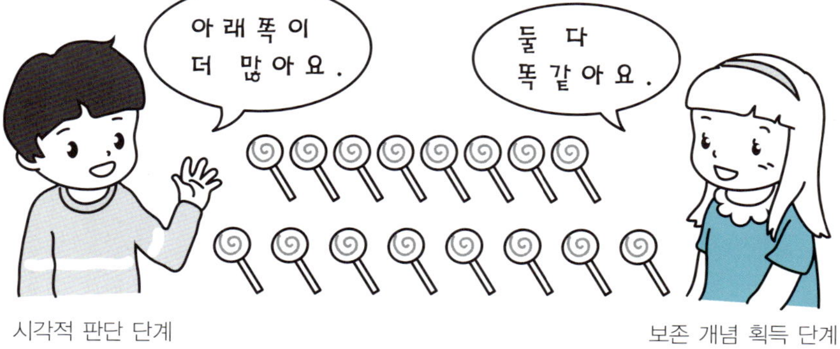

이러한 이유로 Piaget(1965)는 아이의 수 개념 획득을 위해 1:1대응하기, 분류하기, 순서 짓기 활동이 먼저 경험되어야 한다고 강조하였습니다. 이러한 활동

을 생활 속에서 구체적으로 경험한 후에 아이는 진정한 수 개념을 획득하게 됩니다.

수의 활용

유아들은 경험을 바탕으로 생활 속에서 수가 수량의 관계를 나타내기 위해 사용되며, 주변에 대한 정보를 수집할 때 유용한 도구가 되는 것을 경험하면서 수에 대해 이해하게 됩니다. 생일 케이크에 가족의 나이만큼 초를 꽂아 보기, 간식 접시 위의 과자를 세어 보기, 엘리베이터의 층수 누르기, 게임 순서 정하기, 전화번호 누르기, 마트의 상품 가격표, 주차장에서 기둥의 숫자로 자동차 찾기, 스포츠 선수들의 등번호 알기 등의 경험은 일상생활 속에서 수가 수량, 순서, 위치, 명목 등의 의미를 나타내고 있음을 알게 됩니다. 한 예로 시장에서 저울의 감자를 가리키면서 세어 보게 하고, "감자가 모두 몇 개니?"라는 질문을 하여 수의 수량적 의미, 즉 기수 개념을 이해할 수 있도록 도울 수 있습니다. 고층 아파트의 층수, 아파트의 동 호수, 마트의 가격표, 전화번호, 부모나 친척들의 나이 등과 같이 일상생활 속에서 자주 만나게 되는 10 이상의 큰 수도 자연스럽게 다루어 볼 수 있습니다.

또한 일상생활에서 사물의 수량을 더해 보거나 빼어 보는 경험은 수의 더하기·빼기 관계를 이해하는 데 기초가 됩니다. 학습지를 통한 덧셈·뺄셈 연습이 아니라, 구체적인 상황이나 조작할 수 있는 물체를 사용하여 더하여 보고 덜어내 보는 경험이 필요합니다. 블록 놀이 과정에서 동생에게 블록 3개를 받아서 더하니 모두 몇 개가 되었는지 세어 보거나, 간식을 먹을 때 엄마에게 꿀떡을 1개 주고 나니 내 접시에는 몇 개가 남았는지, 빠진 이와 남은 이가 몇 개인지 세어 볼 수 있습니다. 가게 놀이, 버스 놀이, 음식 배달 놀이 등의 다양한 놀이 상황도 더하기·빼기의 기초를 형성하도록 도울 수 있습니다.

◇ 생활 속에서 할 수 있는 수감각 놀이

활동 영역	활동명
장보기 활동	장보기 목록 만들기, 물건 세어 담아 보기, 큰 수를 찾아라, 우유 양 비교하기, 묶음으로 팔아요
부엌/간식 활동	큰 케이크 조각 케이크!, 둘이서 나눠 먹기
외식 활동	값이 싼 음식? 비싼 음식?, 모두 세기! 계속 세기!, 묶어 세면 편리해요
자동차 여행	도로의 표지판 모양 찾기, 어디만큼 왔니?, 버스 번호 보기, 지하철 노선 세기
산책 활동	꽃잎은 몇 개?
수학적 게임	바둑알 튕기기, 큰 수 작은 수 찾기
이야기책 읽기	커다란 순무, 또또와 사과나무, 누가 내 머리에 똥 쌌어
기타 활동	잘못 배달된 우편물 찾아주기, 극장의 좌석 찾기, 은행 대기표, 유치원에 갈 시간

2) 공간 및 도형에 대해 알아보기

공간과 도형에 대한 감각은 주위 환경과 물체의 형태나 위치에 대한 직관적 느낌을 의미합니다. 정보화 사회에서 컴퓨터 그래픽의 활용이 증가됨에 따라 절실히 요구되는 능력으로 글자나 숫자 쓰기, 정보를 요약한 차트나 도표 읽기, 지시에 따라 위치 찾기, 지도 읽기와 같이 실생활과 밀접히 연관되어 있습니다.

공간을 알아보아요

아이는 공간 안에서 자신의 위치를 파악하고 주변 물체들의 형태를 변별하면서 자신을 둘러싼 주변 환경을 이해하기 시작하며, 시각적·촉각적 탐색을 통해 공간과 도형에 대해 알아가게 됩니다. 공간과 도형에 대한 개념을 탐색하면서 아이들은 자신을 중심으로 '내 앞/뒤/옆/아래에는 무엇이 있는가?'를 알아보거나 자신의 위치와 움직임을 '앞으로, 뒤로, 옆으로, 여기에서 저기로'와 같이 공간 개념과 관련된 어휘로 말해 볼 수 있도록 이끌 필요가 있습니다. 피아노 옆,

창문 아래에 무엇이 있는지 알아보거나, 앞으로 3번 뛰어 보기, 옆으로 손을 올려 보기, 무릎 아래로 손을 내려 보기와 같이 공간을 탐색해 보게 할 수 있으며, 점차 더 나아가 공간 내의 물체들 간의 위치, 방향, 거리를 다양한 방법으로 나타내 볼 수 있습니다. 블록으로 집을 만든 후 집을 중심으로 마트, 병원, 미용실, 세탁소 등을 배치하거나, 동물원을 다녀온 후 큰 종이 위에 동물원 꾸미기를 하면서 사자 우리를 중심으로 원숭이 우리, 곰 우리 등 각각의 동물 우리를 배치하면서 사물 간의 공간적 관계를 탐색해 볼 수 있습니다.

동물원을 다녀온 후

블록으로 집 안 꾸미기

도형을 알아보아요

아이는 입체적인 물체들로 구성되어 있는 환경 속에서 생활하므로, 평면보다는 입체 도형에 대한 탐색이 먼저 이루어집니다. 여러 가지 모양의 쌓기놀이 블록을 다루면서 입체 도형을 탐색해 볼 수 있습니다. 아이들의 입체 도형에 대한 이해는 정육면체, 구, 원뿔과 같은 도형의 명칭을 학습하는 것이 아니라, 여러 입체 도형들의 모양을 살펴보고 '둥글고 굴러갈 수 있는 것', '납작한 면으로 되어 굴러가지 않으나 쌓을 수 있는 것' 등과 같이 그 특성을 인식하고 설명할 수 있는 것을 말합니다.

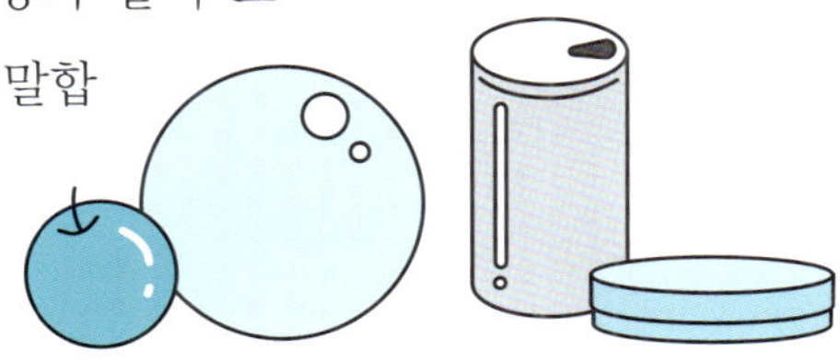

종이 위에 입체 도형의 한 면을 대고 따라 그려 보거나 도장을 찍어 보게 하여 평면 도형을 경험해 보게 할 수 있습니다. 삼각형, 원, 사각형과 같은 명칭보다는 동그라미, 세모, 네모와 같은 일상적인 용어를 사용해 모양의 특성을 살펴보고 모양을 구성해 보도록 합니다. 주위 환경의 다양한 사물들 중에서 동그라미, 네모, 세모 모양의 주변 사물을 찾아보고 분류해 보는 경험과 함께, 아이의 그림을 보며 "너의 집 지붕은 세모 모양이구나. 창문은 네모 모양이구나."와 같은 도형 관련 어휘를 사용하는 것은 아이가 기본 도형에 대해 관심을 갖고 탐색하게 하여 기본 도형에 대한 개념을 형성하도록 도울 수 있습니다.

◆ 생활 속에서 할 수 있는 공간 & 도형 놀이

활동 영역	활동명
자동차 여행	도로의 표지판 모양 찾기, 왼쪽! 오른쪽! 직진!, 지나가는 차 분류하기, 지도에서 여행지 찾기
산책 활동	꽃잎은 몇 개?
수학적 게임	삼목놀이, 점으로 도형 만들기, 깡통 볼링 놀이
이야기책 읽기	곰 사냥을 떠나자
기타 활동	잘못 배달된 우편물 찾아주기

3) 기초적인 측정 해 보기

측정은 단위를 사용하여 물체의 연속적인 양을 재는 과정으로, 어떤 속성에 대해 비교할 수 있도록 물체에 숫자를 부여하는 것입니다(Charlesworth, 2000). 아이는 길이나 크기, 무게에 대한 자신의 판단을 확인하는 방법으로 사물끼리 직접 비교하거나 자신의 신체나 주변의 물건을 이용하여 재어 보는 경험을 하게 됩니다.

아이는 주변에서 잴 수 있는 사물을 탐색하면서 '무엇을 잴 수 있는지'를 이해하게 됩니다. 키는 길이로, 우유의 양은 들이로, 달리기는 시간으로 측정할 수 있다는 것을 알게 됩니다. 측정 가능한 속성을 알았다면 물체의 길이, 크기, 무게, 용량 등을 직접 비교하고 순서 짓는 능력이 요구됩니다. 처음에는 두 개의 사물을 직접적으로 대응시키고 비교하도록 하고, 다음에는 자신의 손 뼘, 양팔의 길이, 발걸음 등과 같은 신체를 측정 단위로 사용하여 측정 활동을 하고, 점차적으로 연필, 분필 등과 같은 임의 단위를 사용하여 측정 활동을 하는 것이 바람직합니다.

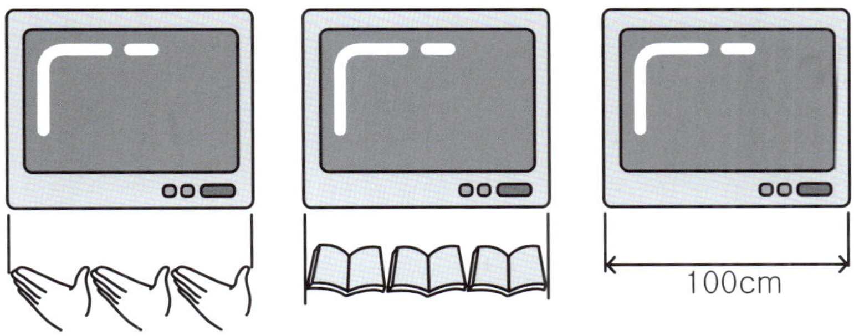

신체를 이용한 측정이 사람의 크기에 따라 다르다는 것을 경험해 보면서, 신체 단위의 제한점을 극복하기 위해 균일한 길이나 크기의 물체를 통하여 측정할 필요성을 아이가 스스로 발견할 수 있도록 합니다.

또한 측정하는 과정에서 '~보다 크다/~보다 작다, ~보다 무겁다/~보다 가볍다, ~보다 길다/~보다 짧다, ~보다 많다/~보다 적다, ~보다 높다/~보다 낮다'와 같은 측정 관련 용어를 사용할 수 있도록 격려해야 합니다. 가령 아이들이 '내 것이 더 길어', 또는 '더 높아' 등의 표현을 할 때 "얼만큼 더 길어?" 등의 질문을 통해 구체적으로 양을 나타내게 하는 측정 활동으로 이끌어 주어야 합니다.

가족들과 키 비교하기, 가장 큰 공 찾기, 가족들 신발 중 가장 큰 신발 찾기 등으로 길이, 높이, 크기를 직접 사물과 비교하고 대응해 보게 하는 측정 활동을 경험해 보도록 하다가, 점차 손 뼘으로 피아노의 길이 재기, 발걸음으로 각 방의 크기 재기 등과 같이 신체를 이용하여 길이를 측정해 보게 한 후, 연필, 막대 등과 같은 일정한 길이 혹은 크기를 가진 임의 단위를 사용하여 측정해 보게 할 수 있습니다.

일상생활에서 측정 활동은 자연스럽게 이루어질 수 있습니다. 각각의 음료수 병은 컵으로 몇 잔이 되는지를 측정해 볼 수 있으며, 엄마와의 요리 중에 우유의 양이나 밀가루, 소금의 양을 측정해 볼 수 있으며, 집 안의 가구를 그림책으로 측정하여 볼 수 있습니다. 일정한 항아리에 컵을 이용하여 쌀과 콩을 옮길 때 차이를 측정해 볼 수 있으며, 실이나 끈을 이용하여 강낭콩이나 고구마, 감자 등의 식물의 줄기가 얼마나 자랐는지 3~4일 단위로 측정해 볼 수 있고, 아기 때 입었던 바지와 지금의 바지를 측정하여 얼마나 자랐는지 알아볼 수 있을 것입니다. 아이와 함께 산책을 하면서 주변 나무들의 둘레를 줄넘기 줄이나 스카프, 운동화 끈과 같은 일정한 길이의 도구를 이용하여 측정하고 비교해 보는 등 일상생활 속에서 아이와 함께 재미있는 측정 활동을 할 수 있습니다. 특히 나란히 있지 않아 지각적으로 비교할 수 없는 것을 비교하도록 할 때, 측정은 잘 일어납니다.

측정 활동 과정에서 자연스럽게 순서 짓기 활동도 함께 이루어집니다. 순서 짓기 활동을 좀 더 자세히 살펴볼까요?

순서 짓기

순서 짓기는 사물의 어떤 속성의 차이를 비교하여 순서대로 배열하는 것을 의미합니다. 분류하기가 사물의 공통된 속성을 알아내는 과정이 요구된다면 순서 짓기는 한 가지 속성의 차이점을 인식하고 차이의 정도를 변별하여 처음부터 마지막까지 배열하는 과정이 요구됩니다. 예를 들면 크기가 다른 그릇 3개로 순서 짓기를 하면 가장 큰 그릇, 중간 크기의 그릇, 가장 작은 그릇으로 놓게 됩니다. 여기에서 방향은 큰 것에서 작은 것으로, 규칙은 크기 순서대로입니다.

초기의 순서 짓기 활동은 두 사물의 길이, 크기, 무게, 색과 같은 속성에 의한 순서 짓기로, 둘 중 어느 것이 더 길고 짧은지, 크고 작은지, 무겁고 가벼운지, 진하고 흐린지를 비교하는 것부터 시작합니다. 그 후로 대 · 중 · 소의 세 가지 물체를 사용하여 순서 짓기를 하고, 점차적으로 네 개, 다섯 개로 물체의 수를 늘려 갑니다. 아이는 다섯 개 이상을 시각적으로 인식하기가 쉽지 않으므로 사물이 다섯 개를 넘지 않는 것이 좋습니다.

순서 짓기 활동 또한 아이의 일상생활 속에서 친숙한 주변의 사물을 정리할 때 사용하는 것이 바람직합니다. 가족의 양말 · 모자 · 옷 · 신발들을 가장 큰 것부터 순서대로 놓아 보게 하는 것도 아이에게 친숙한 순서 짓기 활동이 될 수 있습니다. 이 밖에도 각각 크기가 다른 국그릇이나 숟가락, 반찬 보관용 플라스틱 밀폐 용기, 부엌의 프라이팬, 냄비 뚜껑, 다양한 스포츠 공들처럼 생활 속의 주변 사물들로 순서 짓기 활동이 이루어질 수 있습니다.

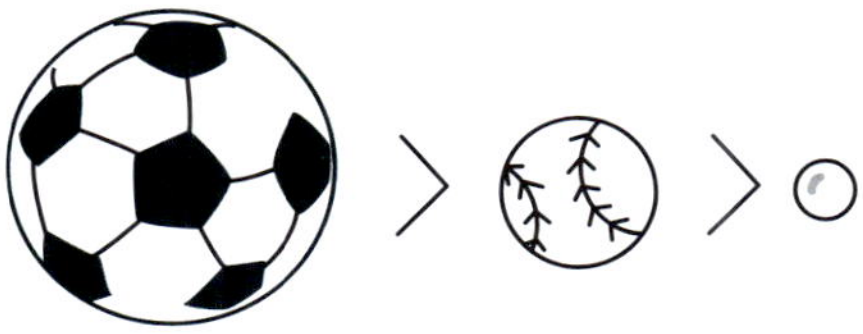

생활 속에서 할 수 있는 측정 놀이

활동 영역	활동명
장보기 활동	더 무거운 것은?, 더 긴 것은?, 캔으로 탑 쌓기, 크기 순서대로 놓아 보기, 우유 양 비교하기
부엌/간식 활동	숟가락 친구 찾기, 재미있는 거꾸로 세기, 모양은 달라도 양은 같아요
자동차 여행	교통 신호등 알기, 지하철 노선 세기
산책 활동	저기까지 몇 걸음일까?, 나무 둘레를 재어 보아요!
빨래하기/청소 활동	빨래 정리하기, 장난감 자리 찾기, 재활용품 분류하기
이야기책 읽기	곰 세 마리, 곰 사냥을 떠나자

4) 규칙성 이해하기

규칙성을 인식하는 능력은 여러 가지 현상에 대한 통찰력을 갖게 합니다. 기후의 변화에도 일정한 규칙이 있어 계절이나 날씨의 변화를 예측할 수 있으며, 무게와 거리, 경사와 속도, 높이와 압력 등의 함수 관계에 대해 예측이 가능하며, 이러한 현상의 규칙성과 수량화를 연구하는 것이 수학의 본질입니다(NCTM, 1989). 규칙성을 이해하는 것은 여러 사물의 관계를 파악하고 관련된 특성을 찾아내며 이를 일반화시키고 예측하는 능력을 학습하고, 현대사회의 필수 능력인 문제 해결력과 논리수학적 사고 및 대수 능력에 기초가 됩니다.

어린 아이들은 생활 주변의 여러 가지 사물이나 현상 속에서 자연스럽게 반복되는 규칙성을 찾아볼 수 있는데, 방 안 벽지의 반복적 무늬뿐 아니라, 계절의 반복적인 변화, 낮과 밤의 변화, 하루의 일과, 신호등의 반복적인 변화 등도 규칙적으로 이루어지는 것을 찾아볼 수 있습니다.

시각적인 규칙성 인식을 위해 포장지나 벽지에 새겨진 무늬의 배열에서 반복되는 규칙성을 찾아보고, 이것을 말로 표현하고 따라 해 보게 하고, 다음 순서에 어떤 무늬가 올 것인지 예측해 보게 하는 활동이 필요합니다. 생활 속에서 흔히 발견할 수 있는 그릇의 무늬, 보도블록의 무늬, 욕실 타일의 무늬, 다양한 옷감들의 무늬, 조각보 공예품, 전통적인 쪽이불과 쪽보자기, 기와무늬, 절의 기둥이나 문살의 무늬, 떡살무늬, 부엌에서 사용하는 접시의 무늬에서 반복되는 규칙성을 찾아볼 수 있습니다.

손뼉 소리나 다양한 악기 소리, 노래 구절, 문학작품에서도 반복되는 규칙성을 찾을 수 있으며 이를 따라 해 보게 하고 다음을 예측해 보게 할 수 있습니다. 다양한 방법으로 규칙적으로 배열된 색 구슬이나 색 카드에서 규칙성을 찾아보고 따라 하는 수준에서 나아가 다음에 일어날 규칙성까지 예측해 보거나, 자신만의 방식으로 규칙성을 만들어 보고 바꾸어 표현할 수 있는 수준까지 확장해 나갈 수 있도록 해야 합니다. 색깔 블록을 이용하여 색깔 블록 탑 쌓기, 나만의 옷감이나 벽지 디자인하기 등을 할 수 있습니다. 이러한 과정에서 아이는 자신의 주변에서 규칙성을 찾아내고 이를 통해 다음에 일어날 것에 대해 예측이 가능하게 되어 추론 능력이 길러질 수 있습니다.

같은 수의 두 가지 물체

aa bb 유형

물체의 개수를 변화시킴

aab aab 유형

물체의 종류를 늘림

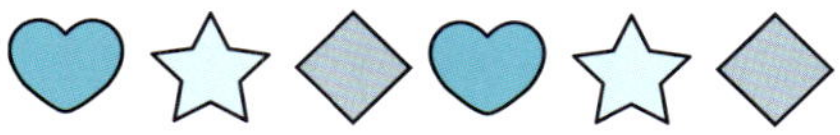

abc abc 유형

물체의 위치를 변화시킴

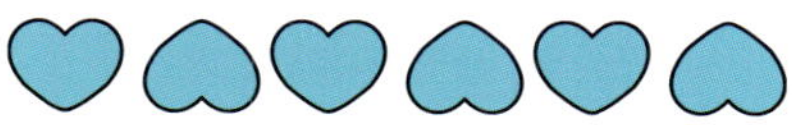

aa′ aa′ 유형

◇ 생활 속에서 할 수 있는 규칙성 놀이

활동 영역	활동명
장보기 활동	그릇의 패턴을 찾아라
자동차 여행	교통 신호등 알기
산책 활동	산책도 하고! 패턴도 찾고!, 나뭇잎을 비교해요!
수학적 게임	윷놀이

5) 자료 정리 및 결과 나타내기

매일 대량의 정보가 쏟아지는 정보화 사회에서 자신에게 필요한 자료를 수집, 분류, 표현, 분석, 해석하는 능력이 절실히 필요합니다. 자료 정리 및 결과 나타내기는 자신이 궁금해하는 것을 해결해기 위해 질문하고, 수집해야 할 자료와 수집할 방법을 결정하고, 자료를 어떻게 조직하고 분석할 것인가를 결정하는 과정입니다. 아이는 탐구하는 과정에서 얻은 결과를 설명하기 위해 그림을 그려 볼 수 있고, 그래프나 차트를 이용해 설명할 수 있습니다.

아이들이 좋아하는 운동, 좋아하는 동물, 가족들이 가고 싶은 나라, 사는 동네, 친구들의 가족 수 등 관심 있는 주제에 대한 조사를 하기 위해 질문을 하고, 자료를 모으고, 모은 자료를 정리하여 그래프나 표, 그림 등의 방법으로 나타내 볼 수 있습니다. 아이의 이해 수준에 따라 구체물이나 실물을 이용하여 직접 비교하거나 그림이나 기호를 사용한 그래프를 만들어 자료의 특성을 쉽게 이해할 수 있도록 합니다.

실물 그래프는 해당 사물을 그래프 판 위에 직접 놓아서 만드는 입체적인 그래프로 '신발장에 운동화가 많은지 구두가 많은지 놓아 보기', '동생의 딱지가 많은지 내 딱지가 더 많은지 놓아 보기' 등을 할 수 있습니다. 실물 그래프는 그림 그래프나 상징 그래프 활동의 기초가 되며, 유아에게 구체적인 경험을 제공하므로 가장 중요한 유형의 그래프로 볼 수 있습니다.

그림 그래프는 실물 자체 대신 실물의 그림을 이용한 그래프 활동으로, '좋아하는 애완동물', '좋아하는 운동 경기', '좋아하는 TV 프로그램' 등을 할 수 있습니다.

상징 그래프는 어떤 물체를 표상하기 위해 추상적인 매체, 예를 들어 세기표(/ / / 또는 正)나 원자석, 바둑알, 블록 등을 사용하는 그래프 활동입니다. '가족 나들이 장소 정하기', '주말 외식 때 음식 메뉴 고르기', '동화책을 가장 많이 읽은 날은?' 등으로 상징 매체 그래프 활동을 할 수 있습니다.

친구들이 좋아하는 동물

그래프 활동은 아이의 관심과 흥미, 이해 수준에 적절한 주제를 택하여야 하며(Whitin & O'Keefe, 1990), 좋아하는 것 조사하기뿐 아니라 구성원들의 의견을 모으고 결정하는 데 활용될 수 있습니다. 또한 고구마, 감자, 강낭콩, 콩나물, 양파의 줄기가 얼마나 자랐는지를 알아보고자 할 때나 날씨와 기온 변화를 알아보고자 하는 학습을 위해서도 활용될 수 있습니다.

이때 만든 그래프에 제목을 붙여 보는 과정이 필요한데, 이는 무엇 때문에 자료를 모았는지 어떤 자료인지에 대해 인식할 수 있도록 돕기 때문입니다.

그래프나 표, 그림으로 나타낸 자료를 분석하고 해석하는 과정도 중요합니다. "이 그래프에서 무엇을 알 수 있니? 이 그래프에서 알아낸 것이 있으면 이야기해 보자."와 같은 질문을 통해 아이가 자료로부터 여러 관계를 탐색하고 비교하고 결과를 이해할 수 있도록 도와줄 수 있습니다. 이 과정에서 아이는 자신이 탐색하고자 했던 점과 예측한 결과들이 어떻게 분석되었는지 설명하고, 그 의미를 이해할 수 있는 기회를 갖게 됩니다.

이와 같이 자료를 정리하고 결과를 나타내기 위해 먼저 필요로 하는 능력인 분류하기를 좀 더 자세히 살펴볼까요?

분류하기

분류하기는 사물의 공통된 속성을 알아내고 이에 따라 사물을 모아 보는 과정으로, 논리수학적 사고 발달에 전제가 되는 기초 능력이며, 지식 정보화 사회에서 쏟아져 나오는 대량의 정보와 자료들의 체계적인 처리를 위해 더욱 중요시되고 있습니다. 또한 분류는 규칙성, 수, 그래프, 도형, 측정 등의 활동을 할 때 사용되는 기초적인 기술입니다.

분류 능력의 발달은 아주 어린 나이부터 시작됩니다. 1~2세의 아이들은 감각을 통해 주변의 사물을 탐색하는 과정에서 사물의 특징적 속성과 다른 사물과의 공통점과 차이점을 인식하게 되고, 특정 사물과 관련된 행위를 연결 지을 수 있게 됩니다.

3~4세의 아이들은 좀 더 능동적으로 사물의 속성을 탐색하게 되고 특정 준거에 따라 분류를 시도하게 되며, 5~6세경에는 한 가지 준거를 적용하여 지속적인 분류가 가능하게 됩니다. 7~8세경에야 부분과 전체의 관계에 대한 이해나, 둘 이상의 속성을 고려한 복합 분류가 가능하게 됩니다.

분류하기의 유형

짝 짓기

짝 짓기(matching)는 분류하기의 가장 초보적인 단계로서 사물들 간의 같거나 공통된 속성 및 관련된 속성을 찾아 짝 지어 보는 활동입니다. 짝 짓기 활동을 위한 기회는 아이들의 일상생활 속에서 자연스럽게 이루어질 수 있습니다. 양말, 장갑, 젓가락, 신발의 한 짝을 찾아 짝 지어 보기, 가족과 관련된 물건 짝 짓기, 우유와 컵, 실과 바늘, 각종 용기들과 뚜껑, 동물과 새끼 등 관련 있는 것 찾아 짝 짓기 활동들이 예가 될 수 있습니다.

단순 분류

단순 분류는 물체들 간의 공통된 속성 하나를 준거로 하여 사물들을 모아 보는 활동으로, 일상생활 속에서 충분한 경험이 가능합니다. 블록을 가지고 논 후 정리할 때 같은 색의 블록끼리, 같은 모양의 블록끼리 모아서 바구니에 담아 보는 것이나, 그림을 그리고 난 후 같은 색의 필기도구, 색종이를 모아 보는 것도 좋은 분류 활동이 됩니다. 아이들이 놀이하면서 편을 나눌 때 남/여, 치마/바지, 구두/운동화, 옷의 색상 등으로 나누어 보는 활동을 통해서도 분류 활동을 경험해 볼 수 있습니다.

이렇듯 아이들의 일상생활 주변의 다양한 물체들을 재질, 모양, 크기, 색상, 쓰임새 등의 다양한 준거를 적용하여 분류해 볼 수 있습니다. 분류 활동 후 "왜 그렇게 모았니?", "어떤 점이 같니?"라고 질문을 함으로써 아이가 분류의 준거를 설명하고 확인할 수 있도록 하는 것도 좋습니다. 나아가 "이것 외에 또 같은 점이 있을까?"라고 질문을 하여 한 가지 사물이 갖는 다양한 속성을 탐색해 보게 하며, "파랗고 구멍이 2개인 단추끼리 모아 볼까?"와 같이 질문하여 사물의 두 가지 준거를 고려하여 복합 분류를 해 보도록 나아갈 필요가 있습니다.

남자 친구끼리 여자/남자 여자 친구끼리

● 복합 분류

복합 분류는 한 번에 두 가지 이상의 속성을 고려하여 사물을 분류하는 것으로, 복합 분류를 하기 위해서는 한 사물이 여러 속성을 가질 수 있다는 것을 이해함을 전제로 합니다. 복합 분류 활동을 위해 한 가지 준거로 분류한 뒤 다른 준거로 재분류해 보게 하거나, '모양이 네모이면서 파란 블록끼리 모으기', '금색이면서 구멍이 2개인 단추끼리 모으기' 와 같이 두 가지 속성의 용어를 동시에 사용하는 언어적 상호작용을 할 수 있습니다.

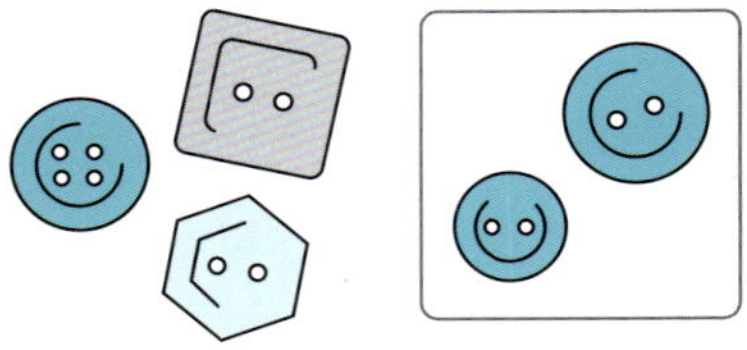

색이 같으면서 구멍이 2개

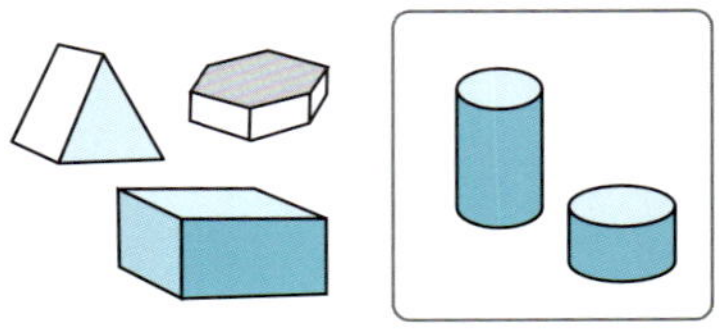

색이 같으면서 원통형 모양

유목 포함 관계

유목 포함 관계(class-inclusion relation)란 사물 간의 위계적 관계를 말하는 것으로 어떤 한 가지 유목에 속하는 물체는 다시 상위 유목에 포함될 수 있다는 것을 의미합니다. 예를 들어 '꽃'이 기본 개념이라면 상위 개념은 식물, 하위 개념은 장미, 민들레, 목련, 국화 등이 될 수 있다. 유목 포함 관계의 기초를 형성하기 위해서는 전체와 부분 관계에 대한 경험을 제공할 필요가 있습니다. 예를 들어 "우리 가족은 모두 몇 명이니? 여자는 몇 명이니? 남자는?"이라고 질문한 후 "가족이 많니? 남자가 많니?"라고 질문을 할 수 있습니다.

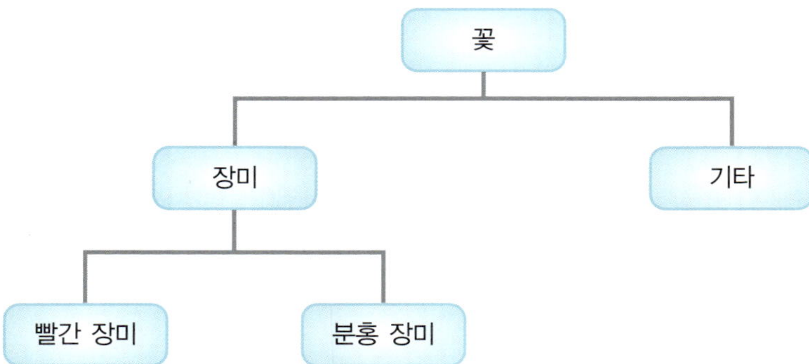

◇ 생활 속에서 할 수 있는 그래프 놀이

활동 영역	활동명
장보기 활동	장보기 목록 만들기
외식 활동	우리가 주문한 음식은?
자동차 여행	지나가는 차 분류하기

참고문헌

교육과학기술부(2008). 유치원 교육과정 해설.

Charlesworth, R.(2000). *Experiences in Math for Young Children* (4th Ed). Stanford, CT: Delmar Thomson Learning.

Chomsky(1965). Aspects of the theory of syntax. Cambridge, MA: MIT Press.

Geist, E.(2009). Children are born mathematicians. Upper Saddler River, NJ: Person Education, Inc.

NCTM(1989). *Curriculum and Evaluation Standard for School Mathematics*. Reston, The National Council of Teachers of Mathematics, Inc.

Piaget, J.(1965). *The child's conception of number*. New York: Norton.

Smith, S. P.(1997). *Early Childhood Mathematics*. Needham Heights, MA: Allyn and Bacon.

Whitin, D., Mills, H., & O'Keefe, T.(1990). *Living and Learning Mathematics*. Portmouth, NH: Heinemann.

2부 일상생활 속 수학 놀이하기

- 장보기 활동
- 부엌/간식 활동
- 외식 활동
- 자동차 여행
- 산책 활동
- 빨래하기/청소 활동
- 수학적 게임
- 기타 활동
- 이야기책 읽기

장보기 활동

장보러 갈 때 아이를 동반하는 경우에 활용할 수 있는 활동입니다. 일반적으로 어머니들이 주로 살 물건의 양, 크기, 가격 등을 혼자 결정하고 있는데, 이를 아이에게 하도록 기회를 주면 됩니다. 아이에게 자칫 지루해질 수 있는 장보기 시간에 가능한 한 물건을 고르고 사는 데 아이들이 많이 참여하도록 하여 장보기 활동을 자연스럽게 수학 놀이로 연결시킬 수 있습니다.

예를 들면, 자녀의 간식을 위해 요구르트를 살 경우, 3일 동안 몇 개가 필요한지 계산을 하여야 할 것입니다. 이때 자녀에게 매일 요구르트를 2개씩 먹게 되면 몇 개가 있어야 하는지 물어보고 생각하게 하며, 자녀가 6개라고 말하였다면, 1팩이 4개이므로 몇 팩을 사야 하는지 물어볼 수 있을 것입니다. 이러한 활동을 통해 아이는 수 세기, 더하기, 빼기 등을 하는 기회를 경험하게 됩니다. 그러나 장보러 가서 다음에 제시한 활동을 모두 하려고 하지 말고, 아이가 관심을 보일 때 2~3개 정도만 활용하고, 무엇보다 장보기가 아이에게 또 가고 싶은 즐거운 활동이 되도록 해야 합니다.

- 장보기 목록 만들기
- 물건 세어 담아 보기
- 더 무거운 것은?
- 더 긴 것은?
- 캔으로 탑 쌓기
- 크기 순서대로 놓아 보기
- 큰 수를 찾아라
- 우유 양 비교하기
- 묶음으로 팔아요
- 그릇의 패턴을 찾아라

1. 장보기 목록 만들기

★ **물건의 종류에 따라 분류할 수 있어요.**

★ **필요한 수만큼 셀 수 있어요.**

- **준비물 :** 대형 마트 광고 전단지
- 만 2세 이상 아이들과 함께 해요.

★ **이렇게 해 보세요!**

① 시장(마트)에 가기 전 무엇을 살 것인지 목록을 작성할 때 아이와 함께 이야기를 나누어 보세요.

➔ 엄마 엄마랑 같이 시장에 가서 무엇을 살까?

➔ 엄마 그래, 우유를 사야겠구나! 몇 개를 살까?

② 살 물건들을 전단지에서 찾아서 오려 붙여요.

➔ 엄마 그럼 잊지 않도록 이 전단지에서 우유 사진을 오려서 붙여 가자.
몇 개를 붙였니? 몇 개를 살지 그 옆에 숫자로 써 보겠니?

➔ 엄마 엄마는 오늘 저녁에 카레라이스를 만들려고 해. 무엇을 사야 할까?
감자 4개, 당근 1개, 피망 2개……

③ 살 물건들을 분류해서 붙여요.

➔ 엄마 우리가 살 물건들을 여기에 모두 오려 놓았구나. 이 중에서 우리가 먹는 것과 먹지 못하는 것으로 나누어 붙여 볼까?

➔ 엄마 이 음식들을 고기 종류와 야채 종류로 나누어 볼까?

엄마만 살짝 보세요!

엄마와 장을 보기 전에 필요한 물건들을 분류해 보는 것은 아이에게 흥미로운 활동이 될 것입니다.

종이 위에 큰 원을 미리 그려 놓은 후 원 위에 '먹을 수 있어요', '먹을 수 없어요'와 같이 분류 기준에 맞는 제목을 써 주세요. 또한 원 안에 그림을 붙인 후 필요한 수만큼 써 보도록 지도하세요. 점차 익숙해지면 의류, 문구류, 생활 잡화류 등으로 분류 기준을 다양하게 해 보세요.

우리 아이는요~

김민지 (4년 2개월)	신문지 사이에 끼여 들어오는 대형마트 전단지들을 버리지 않고 모아 두었다가 장보러 가기 전 사야 할 물건 그림을 찾아 오려 붙이게 하고 수량을 써 보게 했더니 장보는 동안 작업한 목록표를 들고 사야 할 물건의 이름과 수량을 엄마에게 알려주며 지휘자 역할을 하더라고요. 엄마만 따라다니는 장보기가 아니라 아이가 중요한 역할을 하는 장보기가 되었습니다.

2. 물건 세어 담아 보기

★ **사물을 필요한 수만큼 셀 수 있어요.**

★ **더 많고 더 적음을 알 수 있어요.**

- **준비물** : 시장바구니, 장보기 목록
- 만 3세 이상 아이들과 함께 해요.

★ **이렇게 해 보세요!**

① 장보기 목록을 보며 사야 할 물건의 수만큼 세어서 바구니에 담아요.

→ 엄마 이 목록을 보고 버섯 봉지를 바구니에 담아 줄래?

→ 엄마 그래, 하나, 둘, 셋, 잘 세었네. 여기에 사과도 세어 담아 줄래?

→ 엄마 잘 세었구나. 그런데 좀 적은 것 같아. 다섯 개를 더 사고 싶은데 담아 줄 수 있겠니? 그러면 사과가 모두 몇 개가 되지?

② 몇 개가 필요할까 생각해 보아요.

→ 엄마 하루에 우유가 2개씩 필요한데, 내일은 마트에 오지 못해. 그러면 여기 바구니에 우유를 몇 개 담아야겠니? 세어서 담아 보자.

→ 아이 2개씩 이틀.

→ 엄마 엄마가 요리할 때 하루에 달걀이 2개씩 필요해. 5일 동안 필요한 달걀은 몇 개일까? 세어 볼까?

엄마만 살짝 보세요!

3~4세 아이들에게 10 이상의 수를 세는 것은 어려울 수 있어요. 무리하게 세어 보도록 강요하지 마세요. 부득이 세어야 한다면 "10하고 5가 더 있구나."와 같이 쉽게 세어 볼 수 있도록 도와주세요. 앵무새처럼 엄마를 따라 하는 수 세기를 하는 것보다 어느 쪽이 더 많고 적은지 비교해 보는 방법으로 자연스럽게 지도해 보세요.

우리 아이는요~

장예린 (4년 5개월)	장보기는 물건의 수를 세어 볼 수 있는 좋은 기회더라고요. 5살 예린이는 유난히 수 세기를 힘들어했어요. 5 이상부터는 7, 9, 10 하고 건너뛰어 세었죠. 장보는 동안 아이가 셀 수 있는 물건들을 직접 세어 담아 보게 하니 수 세기가 공부가 아니라 재미있는 놀이가 되어 재미있어 합니다. 아이가 느릿느릿 세어 담는 동안 기다려 주는 엄마의 여유만 있다면 아이의 수 세기 활동이 마트에서도 가능해요.

3. 더 무거운 것은?

★ **무게를 재어 볼 수 있어요.**

★ **무게를 비교해 보고 순서대로 놓을 수 있어요.**

- **준비물 :** 야채, 저울
- 만 3~5세 아이들과 함께 해요.

★ **이렇게 해 보세요!**

① 야채를 파는 곳에 와 있나요? 그러면 야채들의 무게를 느껴 보아요.

➔ 엄마 당근이 있네. 이 당근 중에서 어떤 것이 가장 무거울 것 같아? 예린이 손이 저울이라 생각하고 들어 보자.

➔ 엄마 큰 것과 작은 것 어느 것이 더 무거울까?

② 저울로 무게를 재어 보고 비교해 보아요.

➔ 엄마 여기 저울에 하나씩 올려 볼까?

➔ 엄마 이 당근이 180g이고, 이 당근은 110g으로 나왔네. 어느 당근이 더 무거운 거니?

③ 필요한 만큼 무게를 재어 보아요.

➔ 엄마 양송이버섯도 저울에 올려 보자.

➔ 엄마 500g이 필요한데 양송이버섯을 얼마큼 더 올려야 하니?

엄마만 살짝 보세요!

무게를 직접 손으로 느껴 보고, 크기와 무게의 관계를 찾아보고, 무게만큼 저울에 나타난 숫자를 알아보는 경험입니다. 일상생활 속에서 무게가 숫자로 나타나는 다양한 상황을 이야기해 보세요. 가족들의 몸무게나 육류나 야채류 등의 무게에 따른 가격들에 대해 이야기할 수 있어요.

우리 아이는요~

이혜린 (5년 1개월)	처음에는 디지털 저울의 숫자를 가지고 비교했는데, 나중에 우연히 식육 코너에서 바늘이 움직이는 저울을 경험하게 되었어요. 100g, 200g ~ 단위마다 큰 눈금이 있어 숫자 크기만큼 바늘이 움직이는 것에 흥미를 갖고 참치 캔 등의 표시된 용량이 맞는지 저울 위에 올려놓고 확인하기도 했습니다. 자연스럽게 큰 수도 경험하면서 무게에 대한 감각을 기르는 경험을 해 보았답니다.

4. 더 긴 것은?

★ **길이를 재어 볼 수 있어요.**

★ **길이를 비교해 보고 순서대로 놓을 수 있어요.**

- **준비물 :** 다양한 크기의 양말, 줄넘기 줄, 의류
- 만 2~3세 아이들과 함께 해요.

★ **이렇게 해 보세요!**

① 양말 진열대에서 다양한 양말의 길이를 재어 보세요.

➔ 엄마 여기 아빠들 양말, 엄마들 양말, 형, 누나, 동생들 양말들이 많이 걸려 있구나. 이 줄에 있는 양말 3개 중에서 가장 긴 양말을 찾아보자.

➔ 엄마 그래. 한 쪽을 똑같이 맞추어서 늘어놓아 보자.

② 길이를 비교해 보아요.

➔ 엄마 어느 양말이 더 짧으니?

➔ 엄마 가장 짧은 것부터 긴 것까지 순서대로 놓아 보겠니?

③ 다양한 방법으로 길이를 재어 보아요.

➔ 엄마 너의 손으로 양말의 길이를 재어 보자. 누나의 긴 양말은 몇 뼘일까? 한 번 재어 보자.

➔ 엄마 엄마 손가락으로 재어 보자.

➔ 엄마 승효 손으로는 10개, 엄마 손가락으로는 6개만큼 길구나. 왜 다르게 재어 질까?

엄마만 살짝 보세요!

어린 아이들의 측정 활동에서는 정확한 단위보다는 발바닥, 손바닥, 막대, 카드, 지우개 등 생활에서 찾을 수 있는 임의적인 단위로 재어 보고 비교해 보는 것이 바람직합니다. 길이 재기가 필요한 다양한 상황(옷을 만들 때, 집을 지을 때, 가구를 만들 때, 도로를 만들 때 등)들을 아이와 함께 찾아보고 이야기 나누어 보세요.

우리 아이는요~

김승효 (3년 11개월)	가족들의 양말을 살 때 더 짧은 것, 더 긴 것을 찾아보고 순서대로 놓아 보게 했어요. 생각보다 재미있었어요. 이런 활동을 하다 보니 마트 곳곳에 '어느 것이 더 긴가' 하고 물건의 길이를 재어 볼 수 있는 기회가 정말 많이 있더라고요. 파와 부추의 길이, 꽁치와 갈치의 길이, 긴 것을 찾아보니 순대, 막대걸레 등이 있어요.

5. 캔으로 탑 쌓기

★ **캔의 모양을 비교할 수 있어요.**

★ **캔을 쌓아 볼 수 있어요.**

- **준비물** : 각각 크기가 다른 캔
- 만 2~3세 아이들과 함께 해요.

★ **이렇게 해 보세요!**

① 각종 캔이 쌓여 있는 진열대 앞에서 크기를 비교해 보아요.

➔ 엄마 이 캔과 저 캔 중에 어느 것이 더 크니?

➔ 엄마 이 캔보다 더 작은 캔을 찾아볼까?

② 크기 순서대로 쌓아 보아요.

➔ 엄마 이 캔들로 탑을 쌓아 볼까?

➔ 엄마 탑이 무너지지 않으려면 어느 것부터 놓아야 할까?

➔ 엄마 그래, 가장 큰 것이 제일 밑에, 그 다음 큰 것, 가장 작은 것 순서대로 올려놓아야 하는구나.

③ 캔의 모양을 살펴보아요.

➔ 엄마 캔의 모양이 어떠니?

➔ 엄마 캔을 쌓으려면 어떻게 놓아야 할까?
왜 그렇지?

엄마만 살짝 보세요!

크기를 비교하고 순서대로 놓아 볼 때 어린 나이의 아이들에게는 처음 두 개의 크기를 비교하는 것부터 시작하세요. 점차 크기 비교에 익숙해지면 3개를 비교하고 서열화하는 경험을 가지도록 하세요. 처음부터 여러 개를 비교하고 순서대로 놓아 보게 하는 것은 어린 아이들에게 어려워요.

신발, 양말, 모자, 속옷, 과일 등등 마트 안에서 크기 순서대로 놓아 볼 수 있는 물건들을 찾아보세요. 그리고 아이와 "와~ 어떤 것이 제일 크지? 어떤 것이 제일 작지?"라는 질문을 해 주면서 순서대로 놓아 보기 활동을 해 보세요!

우리 아이는요~

손지우 (2년 9개월)	지우가 가장 큰 참치 캔부터 중간 크기, 가장 작은 캔을 순서대로 쌓으면서 '더 크다, 더 작다'라는 말을 사용했어요. 다 쌓아 놓고는 생일 축하 케이크라며 노래를 부르고 박수를 쳤답니다.

6. 크기 순서대로 놓아 보기

★ **물건의 크기를 비교할 수 있어요.**

★ **물건의 크기 순서대로 놓아 볼 수 있어요.**

- **준비물 :** 다양한 크기의 공, 생활 그릇류
- 만 2~3세 이상 아이들과 함께 해요.

★ **이렇게 해 보세요!**

① 스포츠 용품 코너의 공 진열대 앞인가요? 그러면 공의 크기를 비교해 보세요.

→ 엄마 이 공들 중에서 가장 작은 공을 찾아보자.

→ 엄마 이것보다 더 큰 공은?

→ 엄마 이 공들을 크기 순서대로 놓아 볼까?

② 생활 그릇 코너인가요? 그러면 플라스틱 대야의 크기를 비교해 보세요.

→ 엄마 여기 큰 대야들이 있구나. 가장 큰 대야를 찾아보자.

→ 엄마 이것보다 작은 대야는? 가장 작은 대야를 찾아보자.

→ 엄마 큰 그릇 속에 이 그릇들을 차례대로 포개어 볼 수 있겠니?

→ 엄마 순서대로 넣으니 모두 큰 그릇 속에 들어갔구나?

엄마만 살짝 보세요!

어린아이들에게 정확한 표준 단위를 사용한 측정보다는 한 가지 속성에 따라 비교하고 순서 짓는 활동의 기회를 많이 갖게 하는 것이 필요합니다. 더 큰 것은? 더 긴 것은? 더 무거운 것은? 더 빠른 것은? 더 두꺼운 것은? 더 많은 것은? 더 부드러운 것은? 등의 질문이 비교하기와 순서 짓기에 사용될 수 있습니다. 처음에는 2개의 물체를 한 가지 속성으로 비교하는 것부터 시작한 후, 3개의 물체를 한 가지 속성에 따라 비교하고 순서 짓게 합니다. 아이의 발달에 따라 점차 개수와 비교하는 속성을 늘려 갑니다.

우리 아이는요~

이지우 (2년 3개월)	그릇 코너에 다양한 크기의 플라스틱 용기가 있어서 크기 순서대로 놓아 보거나 포개어 보게 해 보았어요. 두 개 중에 더 큰 것을 찾는 것은 하는데 세 개를 차례대로 포개어 보게 하면 한 번에 하지 못하고 여러 번의 시행착오 끝에 해결합니다. 쉬울 것으로 생각되는데 3세 아이에게는 그렇지 않은가 봅니다.

7. 큰 수를 찾아라

★ **물건 가격을 비교하며 큰 수를 경험해 볼 수 있어요.**

- **장소** : 1,000원 단위의 마트
- **준비물** : 물건 가격표
- 만 3~5세 아이들과 함께 해요.

★ **이렇게 해 보세요!**

① 마트 곳곳의 가격표 중에서 큰 수를 비교해 보아요.

- 엄마 여기 물건들 위에 '1,000원, 2,000원, 3,000원' 이라고 쓰여 있구나.
- 엄마 이 중에서 가장 비싼 것은 무엇이니?
- 엄마 3,000원이면 1,000원짜리 돈을 몇 장을 내야 하지?
- 엄마 엄마에게 세어서 줄래?

② 같은 종류의 상품이라도 가격이 달라요.

- 엄마 공책을 사자. 여기 공책들의 가격표를 보자.
- 엄마 이것은 500원이고 이것은 600원이네.
- 엄마 이 공책과 이 공책 중에서 더 비싼 공책은?
- 엄마 이 공책을 사려면 100원짜리 동전이 몇 개 필요할까?

엄마만 살짝 보세요!

아이들도 큰 수에 대해 다양한 방법으로 탐색할 기회가 필요합니다. 아파트의 동 호수, 자동차의 번호, 식당 메뉴판의 가격, 시내버스 번호, 전화번호 등 우리 주변에 큰 수가 너무나 많습니다. 아이와 이런 큰 수들을 자연스럽게 읽으면서 놀이해 보세요!

우리 아이는요~

이민서 (4년 3개월)	한국의 화폐 단위가 미국에 비하면 거의 1,000배죠. 마트에서 아이와 함께 장을 보며 가장 어려운 것이 가격표 읽기더군요. 어른 입장에서는 익숙한 큰 수이지만 아이에게는 너무나 큰 수이겠죠. 5세 민서는 읽지는 못하지만 자릿수가 같으면 맨 앞의 숫자 크기에 따라 무엇이 더 큰 수인지는 구별합니다.

8. 우유 양 비교하기

★ **수로 표시된 물건의 용량을 알 수 있어요.**

★ **용량이 많은 순서대로 놓아 볼 수 있어요.**

- **준비물** : 200㎖, 500㎖, 1000㎖들이 우유
- 만 2~4세 아이들과 함께 해요.

★ **이렇게 해 보세요!**

① 우유 팩에 적힌 숫자를 알아보아요.

➔ 엄마 가장 적은 양의 우유 팩에는 어떤 숫자가 쓰여 있니?

➔ 엄마 그 다음으로 많은 양의 우유 팩은? 가장 많은 양의 우유 팩에는 어떤 숫자가 쓰여 있니?

➔ 엄마 200, 500, 1000~ 이라고 쓰여 있구나.

➔ 엄마 200은 이만큼의 양이구나. 1000은 이만큼의 양이구나.

② 우유의 양을 비교해 보아요.

➔ 엄마 가장 많은 양의 우유 팩은? 1000㎖ 우유보다 적고, 200㎖ 우유보다 많은 우유 팩도 있니?

➔ 엄마 큰 순서대로 놓아 볼까?

➔ 엄마 한번에 이 적은 팩의 우유(200㎖)를 먹으니까, 우리 식구 모두 먹으려면 몇 개를 사야 할까?

➔ 엄마 이(200㎖) 우유 5개와 큰 팩(1000㎖) 우유 중 어느 것을 살까? 왜 그것을 골랐니?

엄마만 살짝 보세요!

실생활에서 들이 재기를 많이 합니다. 요리, 세제, 주유를 비롯해 각종 생활용품들은 일정한 용량으로 표시되어 있죠. 물질의 양과 측정된 숫자를 어림할 수 있는 감각이 필요합니다.

취학 전 유아라면 200㎖ 우유 몇 개를 모아야 1000㎖ 우유가 되는지 이야기해 보세요. 큰 우유 팩 위에 작은 우유 팩을 올려놓아 직접 눈으로 비교해 보는 것도 좋습니다.

우리 아이는요~

윤정훈 (3년 11개월)	세탁기에 세제를 넣으려고 하는데 아이가 직접 넣어 보길 원했습니다. "얼마큼 넣을까?" 하는 아이의 물음에 '대충'이라는 말은 못하고, '50㎖'라고 말했습니다. 아이가 "50이면 얼마큼이야?"라고 물어, 옆에 있는 재활용 바구니에서 50㎖ 요구르트 빈 병을 주며 "이만큼이 50㎖ 정도란다." 하였습니다.

응용 놀이 활동

샴푸의 양이 달라요

- **준비물 :** 샴푸, 치약, 손 세정제, 화장품
- 만 3세 이상 아이와 함께 해요.

① 세제류 코너에서 물건의 양을 비교해 보아요.

엄마 이 노란색 샴푸의 양은 얼마일까? 어떻게 알 수 있을까?

엄마 그래, 여기 숫자가 쓰여 있네. 500㎖이구나. 그럼 이 옆의 분홍색 샴푸 양은 얼마만큼일까?

엄마 그래, 300㎖이구나. 한 번씩 들어 볼까?

엄마 그래, 이 분홍색 샴푸보다 노란색 샴푸가 더 무겁구나.

② 샴푸류 근처에 손 세정제, 치약류, 화장품 등이 있어요.

엄마 이 치약의 양은 얼마만큼일까? 이 손 세정제는? 이 샴푸는?

엄마 이 중에서 가장 적은 양은? 가장 많은 양은?

엄마 많은 순서대로 놓아 보자.

③ 모양이 달라도 용량은 같은 것들을 찾아보아요.

엄마 500이라고 쓰여 있는 물건들을 찾아보자. 그래, 여기 샴푸에도 500, 우유, 생수, 맥주, 화장품에도 500이라고 쓰여 있구나.

9. 묶음으로 팔아요

★ **몇 개의 물건이 하나로 묶음 포장되었는지 셀 수 있어요.**

★ **배수를 경험할 수 있어요.**

● **준비물 :** 마트 안에 묶음 포장된 물건들(라면, 빨래집게, 요구르트, 과자류, 빵류)

● 만 4~5세 아이들과 함께 해요.

★ **이렇게 해 보세요!**

① 한 묶음에 몇 개씩 들어 있는지 세어 보아요.

➔ 엄마 이 라면은 한 묶음에 여러 개가 들어 있구나. 이 안에 라면이 몇 개인지 세어 볼까?

➔ 엄마 빨래집게를 하나씩 팔지 않고 여러 개를 묶어서 파네. 몇 개가 들어 있는지 셀 수 있겠니?

➔ 엄마 요구르트가 한 줄로 포장되어 있네. 몇 개가 들어 있니?

➔ 엄마 이 안에 빵이 몇 개 들어 있니?

② 한 묶음이 두 개이면 모두 몇 개인지 알아보아요.

➔ 엄마 요구르트가 한 묶음에 5개가 있구나. 이렇게 포장된 묶음을 2개 사면 요구르트를 모두 몇 개 먹을 수 있을까?

➔ 엄마 한 묶음에 4개씩 들어 있는 빵을 이렇게 2묶음 사면 빵이 모두 몇 개일까?

➔ 엄마 엄마가 둘씩 빠르게 세는 법 보여줄게. 둘, 넷, 여섯, 여덟, 열.
빨리 셀 수 있지?

엄마만 살짝 보세요!

마트에 가 보면 물건을 묶어서 저렴하게 파는 경우가 많아요. 버섯 2팩을 1팩 가격으로 주거나, 요구르트, 과자, 치약, 칫솔, 수건, 빵 등을 몇 개씩 묶음으로 판매하고 있어요. 각각의 묶음이 몇 개의 물건으로 되어 있는지 세어 보게 하며, 취학 전 유아라면 묶음으로 사는 것과 낱개로 사는 것의 가격도 어림하여 비교해 보도록 해 보세요. 묶음 포장된 물건들이 훌륭한 수학 교구가 될 수 있답니다.

우리 아이는요~

고 결 (4년 6개월)	빨래집게 코너에 가면 4색 3개씩 12개 빨래집게가 묶음으로 포장되어 있는 상품이 있었어요. 동생은 하나씩 세어 보는데, 9세 언니는 '3을 4번 더하면 12' 합니다. 마트의 빨래집게도 훌륭한 수학 교구가 되었습니다.   마트에 진열되어 있는 묶음 포장된 물건들

10. 그릇의 패턴을 찾아라

★ **그릇에 그려진 무늬에서 패턴을 찾을 수 있어요.**

★ **반복된 패턴을 말로 설명할 수 있어요.**

- **준비물 :** 생활 그릇류
- 만 2~3세 이상 아이들과 함께 해요

★ **이렇게 해 보세요!**

① 그릇에 그려진 무늬에서 패턴을 찾아보세요.

→ 엄마 이 컵에 어떤 그림이 그려져 있니?

→ 엄마 꽃그림 다음에 무엇이 그려져 있니?

→ 엄마 여기 접시를 보자. 어떤 그림이 그려져 있니?

② 발견한 패턴의 규칙을 말로 해 보세요.

→ 아이 파랑, 빨강, 파랑, 빨강 동그라미가 계속 그려져 있어요.

→ 엄마 그래~ 규칙적으로 색깔이 반복되는구나.

→ 엄마 만약 (패턴의 마지막 그림에 손을 짚으며) 이 다음, 여기에 그림을 그려야 한다면 무슨 색 동그라미로 그려야 할까?

→ 아이 빨간 동그라미로 그려야 해요.

→ 엄마 이 접시의 그림은 어떻게 그려져 있니?

→ 아이 분홍 꽃 다음에 노란 과일 2개씩 그려진 그림이 계속 이어져 있어요.

→ 엄마 이렇게 규칙적으로 반복되는 것을 패턴이라고 해!

엄마만 살짝 보세요!

주변에서 규칙성을 찾아볼 기회를 많이 갖도록 하세요. 집 안의 벽지, 욕실의 타일, 커튼과 이불, 스카프, 옷, 넥타이, 그릇 등의 반복되는 무늬들에서도 찾을 수 있어요. 절의 단청 문양이나 미술 작품, 문구류의 포장지에서도 반복되는 규칙성을 찾을 수 있습니다.

우리 아이는요~

김예지 (2년 11개월)	패턴 활동은 구슬 꿰기만 생각하였는데, 아이의 점퍼와 양말에 그려진 동물 그림의 패턴을 찾게 하고, 목욕하면서 타일의 반복되는 패턴을 찾아보게 하였어요. 3세 아이인데도 쉽고 재미있게 찾아내더라고요. 마트의 그릇 코너에 전시되어 있는 많은 그릇의 문양에서 패턴 찾기 하는 것도 재미있어 했어요.

부엌/간식 활동

모든 가정에서는 하루 일과 중 식사 준비를 하면서 보내는 시간이 많을 것입니다. 식사나 간식을 준비하는 동안 자연스럽게 자녀가 돕도록 하면서 함께 수학 활동을 해 볼 수 있습니다. 예를 들면 식구 수대로 숟가락 놓기, 가족 모두가 같은 양의 간식을 갖도록 분배하기, 생일날 케이크를 자를 때 어떻게 자르면 모두 같은 크기가 될지 이야기하기 등을 하도록 하여 1:1 대응하기, 수 세기, 나누기, 양 어림하기, 비교하기 등과 같은 수학적 사고의 기회를 제공할 수 있습니다.

- 숟가락 친구 찾기
- 재미있는 거꾸로 세기
- 큰 케이크! 조각 케이크!
- 둘이서 나눠 먹기
- 모양은 달라도 양은 같아요

1. 숟가락 친구 찾기

★ **짝이 되는 물건을 찾아 1:1 대응을 할 수 있어요.**

★ **수 세기를 할 수 있어요.**

- 준비물 : 숟가락, 젓가락, 포크
- 만 1~2세 아이들과 함께 해요.

★ **이렇게 해 보세요!**

① 가족 수만큼 숟가락 놓기를 해 보세요.

→ 엄마　민서가 우리 식구 수만큼 숟가락을 놓아 볼까?

② 숟가락과 짝이 되는 물건을 찾아보아요.

→ 엄마　어, 숟가락과 짝이 되는 물건이 필요하네! 숟가락 짝꿍은 누구일까?

→ 아이　젓가락이요! 포크도 있어요!

③ 숟가락, 젓가락을 짝을 지어 놓아 보아요.

엄마 아빠 자리에 숟가락 한 개 젓가락 두 개, 엄마 자리에 숟가락 한 개 젓가락 두 개, 민서 자리에 숟가락 한 개 젓가락 두 개씩 짝을 지어 놓아 보자.

Tip 처음에는 엄마, 아빠, 아이 3명으로 1:1 대응을 하다가 점차 5명 정도로 인원을 늘려 가면서 짝 짓기를 하면 더 좋아요.

엄마만 살짝 보세요!

아이들은 같은 점을 먼저 인식하고 차이점은 나중에 이해하게 되므로 식구 수만큼 숟가락과 젓가락을 짝 짓는 것은 1:1 대응의 초보적인 개념이라고 할 수 있어요. 부엌에는 숟가락-젓가락, 밥그릇-국그릇, 우유-컵, 컵-컵받침 등 아이 스스로 짝을 찾아 1:1 대응을 할 수 있는 물건이 아주 많답니다.

우리 아이는요~

송인준 (3년 2개월)	뽀로로를 좋아하는 우리 아이의 밥그릇에는 모두 뽀로로 그림이 있답니다. 처음에는 캐릭터 그림에만 관심이 있나 했는데 요즘엔 식사할 때 "뽀로로 숟가락이랑 뽀로로 포크로 먹을래요!"라고 한답니다. 아이들이 좋아하는 곰돌이나 미키마우스 등의 만화 캐릭터 그림이 그려진 밥그릇과 숟가락, 포크를 사용하면서 서서히 짝꿍이 될 수 있는 물건을 알게 된 것 같아요.

2. 재미있는 거꾸로 세기

★ **거꾸로 수를 셀 수 있어요.**

★ **시간이 얼마나 걸렸는지 알 수 있어요.**

● **준비물** : 우유, 전자레인지

● 만 3~5세 아이들과 함께 해요.

★ **이렇게 해 보세요!**

① 우유를 데우는 데 소요되는 시간을 어림으로 짐작해 보세요.

➔ 엄마 우유 반 컵을 따뜻하게 데워야 하는데, 몇 초면 될까?

② 우유를 데우면서 거꾸로 수를 세어 보아요.

➔ 엄마 그래, 10초 동안 우유를 데워 보자. 전자레인지에 우유를 넣고 정훈이가 버튼을 눌러 볼까! 10초가 지나면 땡 소리가 날 거야. 자, 엄마랑 같이 거꾸로 세어 보자.

③ 거꾸로 수를 센 후 따뜻하게 데워진 우유를 마셔 보아요.

→ 엄마 와! 10부터 1까지 거꾸로 수를 세고 나니 우유 반 컵이 따뜻하게 데워졌구나!

Tip 처음에는 10 이하의 수를 경험할 수 있도록 우유 반 컵을, 차츰 10 이상의 수를 경험할 수 있도록 우유 한 컵 정도를 데워 보세요.

엄마만 살짝 보세요!

익숙한 순서를 거꾸로 뒤집어 세는 것은 매우 어려운 일이에요. 어떤 아이들은 거꾸로 수를 세어 자연스럽게 빼기 문제를 해결하지만 대부분의 아이들은 거꾸로 수 세기를 힘들어합니다. 아이와 함께 간식을 먹을 때 쟁반에 과자 3개를 담고, 아이가 과자를 한 개씩 먹을 때마다 "2, 과자가 두 개 남았네.", "1, 과자가 한 개 남았네."라고 거꾸로 수를 세는 모습을 보여주세요.

우리 아이는요~

김범수 (5년 5개월)	어렸을 때 자주 '1, 2, 3, 4,……10'이라고 아이에게 숫자 이름을 알려 주었는데 최근에는 아이가 아파트 10층에서 엘리베이터를 타고 내려올 때마다 숫자판을 보면서 '10, 9, 8, 7, 6,……1' 하고 거꾸로 수 세기를 좋아합니다. 또한 텔레비전의 리모컨을 거꾸로 누르면서 혼잣말로 '5, 4,……1'이라며 거꾸로 수를 세네요.

3. 큰 케이크! 조각 케이크!

★ **케이크를 자르면서 부분과 전체를 경험해 보아요.**

★ **조각 케이크의 수를 셀 수 있어요.**

- **준비물 :** 케이크, 케이크용 초, 케이크용 칼
- 만 3~4세 이상 아이들과 함께 해요.

★ **이렇게 해 보세요!**

① 케이크를 자르기 전에 초가 몇 개인지 이야기해 보세요.

→ 엄마 식탁 위에 동그란 케이크가 있네, 네 나이만큼 초를 꽂으려면 초가 몇 개 필요하니?

→ 아이 다섯 개요.

② 케이크를 자른 후에 몇 조각이 되었는지 물어보세요.

→ 엄마 엄마랑 똑같이 나누어 먹으려면 케이크를 몇 조각으로 잘라야 할까? 어떻게 잘라야 할까?

아이 케이크를 길쭉하게 한 번 자르면 돼요

엄마 케이크를 한 번 자르니까 어떻게 되었니?

아이 하나, 둘. 케이크가 2개가 되었어요.

엄마 어떤 모양이니?

Tip 아이가 2개라고 말하면 2개 또는 2조각이라고 이야기해 주세요.

엄마 그래 케이크가 2조각이 되었구나, 그럼 케이크를 한 번 더 잘라 보자. 이제는 모두 몇 조각이 되었니?

아이 하나, 둘, 셋, 넷. 케이크가 4개(4조각)로 되었어요.

③ 조각 케이크를 전체로 합치면서 전체와 부분의 관계에 대해 이야기해요.

→ 엄마 동그란 케이크 한 개를 자르면 여러 조각이 되고 조각 케이크를 다시 원래대로 동그랗게 합치면 케이크 한 개가 되는구나!

엄마만 살짝 보세요!

부분과 전체의 개념은 전체는 여러 부분으로 나뉠 수 있고, 부분이 합쳐져서 다시 전체를 이룰 수 있음을 아는 것으로 초등학교에서 다루는 분수의 기본 개념이라 할 수 있어요. 특히 한국은 사회문화적으로 분수 개념을 경험할 기회가 매우 적은 편이에요.

아이들도 분수에 대한 이해가 발달하지만 우선은 부분-전체에 관한 경험을 하는 것이 더 중요하지요. 조립용 장난감, 찰흙 덩어리를 부분으로 나누고 다시 전체로 합치면서 아이들에게 전체, 부분, 반이라는 용어를 사용하면 부분-전체의 관계를 더 잘 이해할 수 있겠죠!

4. 둘이서 나눠 먹기

★ **똑같은 개수로 나눌 수 있어요.**

★ **다른 개수로 나눌 수 있어요.**

● **준비물 : 귤**

● 만 4세 아이들과 함께 해요.

★ **이렇게 해 보세요!**

① 귤 여섯 개를 똑같은 개수(3개, 3개)로 나누는 방법에 대해 이야기해 보세요.

➔ 엄마 귤 여섯 개를 엄마랑 민서랑 둘이서 사이좋게 먹으려면 몇 개씩 나누면 좋을까?

② 다른 개수(2개, 4개 또는 1개, 5개)로도 나눌 수 있는지 알아보아요.

➔ 엄마 그렇구나, 엄마 3개, 민서 3개, 이렇게 똑같이 3개씩 나누면 되겠구나. 그럼 다른 개수로도 나눌 수 있을까?

③ 귤 여섯 개를 2명이 나눌 때와 3명이 나눌 때를 비교해 보세요.

→ 엄마 그럼, 엄마, 아빠, 민서 이렇게 셋이서 귤 여섯 개를 똑같이 먹으려면 몇 개씩 나눌 수 있을까? 사람이 많아질수록 귤의 수는 어떻게 될까?

엄마만 살짝 보세요!

사물을 똑같은 개수로 나누는 것은 곱셈과 나눗셈을, 다른 개수로 나누는 것은 덧셈과 뺄셈의 논리적 관계를 생각해 보도록 하는 데 도움이 됩니다. 무엇보다 여러 가지 방법으로 나눌 때는 아이가 직접 나누고 합쳐 볼 수 있는 피자, 케이크, 사과 등의 먹을거리를 활용해 보세요.

5. 모양은 달라도 양은 같아요

★ 우유의 양을 어림으로 재어 볼 수 있어요.

- **준비물 :** 우유 500㎖, 큰 컵(500㎖), 작은 컵(200㎖)
- 만 4세 아이들과 함께 해요.

★ 이렇게 해 보세요!

① 500㎖ 우유는 큰 컵(500㎖)으로 얼마나 될지 어림해 보세요.

→ 엄마 500㎖ 우유를 이 컵에 마시고 싶은데 컵이 몇 개나 필요할까?

→ 아이 한 컵 정도요.

② 500㎖ 우유가 작은 컵(200㎖)으로는 얼마나 될지 어림해 보세요.

➔ 엄마 우유를 이 작은 컵에 마시고 싶은데 컵이 몇 개나 필요할까?

Tip 우유의 양을 500㎖에서 점차 1ℓ로 늘리면서 어림으로 재어 보세요.

③ 그릇의 모양이 달라도 담기는 우유의 양이 같은 이유에 대해 생각해 보세요.

➔ 엄마 500㎖ 우유를 하나는 큰 컵(500㎖)에, 다른 하나는 작은 컵(200㎖)에 부었는데 우유의 양이 같으니? 다르니? 왜 그렇게 생각하니?

엄마만 살짝 보세요!

우유, 물 등의 액체의 용량을 측정하는 것은 셀 수 없는 연속적인 양을 정하는 과정이며 높이, 길이, 폭과 같은 삼차원 형태를 협응할 수 있어야 가능한 매우 어려운 활동이에요. 그러므로 정확하게 측정하는 것보다는 용량은 같지만 모양이 서로 다른 용기에 물, 우유, 주스를 담아 이 그릇 저 그릇에 옮겨 붓도록 하거나 요리하기, 물놀이 및 모래놀이를 통해 대략적으로 재어 보는 측정이 훨씬 효과적이랍니다.

보존 개념 형성을 위한 재미있는 놀이

아이들은 같은 양의 물을 다른 모양의 그릇에 넣으면 물의 양도 변한다고 생각합니다. 보존 개념이 없기 때문이죠! 보존 개념은 물체의 외형이 변해도 다른 것을 보태거나 빼지 않는 한 물체의 전체적인 양이나 속성은 변하지 않는다는 것을 아는 능력입니다. 그러나 영유아기의 아이들은 눈에 보이는 대로 판단하거나 거꾸로 추론하는 전환 능력이 없기 때문에 보존 개념이 형성되려면 일상생활에서 다양한 수학적 경험과 시간이 필요하지요.

보존 개념은 논리적 행동, 추론 능력과 밀접한 관련이 있기 때문에 아이들의 인지발달의 척도가 되기도 합니다. 어느 날 문득 내 아이가 모양은 다르지만 같은 크기의 그릇에 담긴 우유의 양이 똑같다는 것을 알았다면 아이는 분명 수학적으로 한 걸음 내디뎠다는 것을 의미합니다.

● 밀가루 반죽 놀이

똑같은 양의 밀가루 반죽으로 빵, 과자, 동물 등의 다양한 모양을 만들면서 "똑같은 양의 밀가루 반죽으로 빵과 과자를 만들었더니 모양이 서로 다르네."라고 이야기해 주세요. 그리고 다시 원래의 모양으로 납작하게 또는 동그랗게 뭉치면서 "서로 다른 모양의 빵과 과자를 다시 뭉쳤더니 밀가루 반죽의 크기가 똑같네."라고 말해 주세요.

● 공깃돌 놀이

서로 다른 모양의 투명한 그릇에 아이와 함께 공깃돌을 넣으면서 수를 세어 보세요. "큰 그릇과 작은 그릇에 모두 똑같이 8개의 공깃돌을 넣었는데, 큰 그릇에 담긴 공깃돌보다 작은 그릇에 있는 공깃돌이 더 많아 보이네."라고 이야기해 주세요.

외식 활동

아이들과 함께 외식을 할 경우에 식구 수와 음식의 가격을 고려하여 어디에서 어떤 음식을 먹을지 결정하게 됩니다. 이럴 때 부모님이 일방적으로 결정하지 말고 음식의 가격을 비교하고, 외식비가 얼마가 될지, 식구 중 몇 명이 무엇을 원하는지 알아보는 것 등에 아이들을 참여시켜 생각하고 선택할 수 있는 기회를 준다면 큰 수의 비교, 자료 수집, 더하기, 어림셈과 같은 수학적 사고의 기회를 제공할 수 있습니다.

- 우리가 주문한 음식은?
- 값이 싼 음식? 비싼 음식?
- 모두 세기! 계속 세기!
- 묶어 세면 편리해요

1. 우리가 주문한 음식은?

★ **수집한 자료를 정리하여 결과로 나타낼 수 있어요.**

★ **기초적인 통계 활동을 경험해 보아요.**

- **준비물** : 다양한 음식
- 만 5세 아이들과 함께 해요.

★ **이렇게 해 보세요!**

① 먹고 싶은 음식에 대해 이야기하며 각자 선택해 보세요.

➔ 엄마 엄마는 김밥이 먹고 싶은데 민지는 뭐 먹고 싶니?

➔ 아이 떡볶이요! 만두요!

② 주문할 음식을 종류별로 조사해 보세요.

➔ 엄마 우리 가족은 어떤 음식들을 원하니?

➔ 아이 김밥이랑 떡볶이랑 만두요.

➔ 엄마 김밥 먹고 싶은 사람은 몇 명이니? 떡볶이 먹고 싶은 사람은 몇 명이니?

➔ 아이 김밥 먹을 사람 2명, 떡볶이 먹을 사람 3명, 만두 먹을 사람 1명이구나!

➔ 엄마 가장 많은 사람이 먹고 싶은 것이 무엇이니? 떡볶이를 먹고 싶은 사람은 몇 명이니?

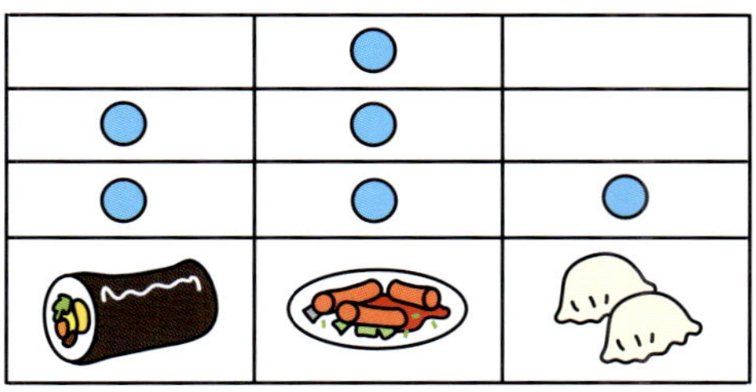

③ 모두 몇 개의 음식을 주문해야 하는지 세어 보세요.

엄마 우리 가족이 주문할 음식은 모두 몇 개니?

아이 아빠, 엄마, 언니, 오빠, 민지 이렇게 다섯 명이 음식을 한 개씩 먹어야 하니까 모두 5개예요.

엄마만 살짝 보세요!

아이가 좋아하는 음식, 동물, 만화영화 등장인물, 색깔의 종류 등 유아가 흥미 있어 하는 사건이나 현상에 대한 자료를 수집하여 다양한 방법으로 분류·비교하여 조직하는 통계 활동은 문제 해결력과 논리적 사고력을 길러 주기 때문에 특히 첨단 공학 기술이 발달된 정보화 사회에서 매우 가치 있게 평가되는 수학적 능력입니다.

출근하는 길에 아이랑 주차장에 있는 자동차의 색깔이나 종류를 비교하거나 친구들이 사는 아파트 층수에 대해 이야기해 본다면 집단과 집단을 비교하기도 하고 대략적인 추측을 해야 하기 때문에 아이들은 확률과 통계에 대해 더욱 쉽게 접근할 수 있을 거예요.

우리 아이는요~

조성재 (5년 10개월)	며칠째 많은 눈이 내려 춥고 곳곳이 얼어 빙판길이 되자 밖에 나가 놀 수 없게 된 성재가 매우 시무룩해 있다가 "어제도 눈 많이 오고, 오늘도 눈 아주 많이 오고 내일도 눈이 아주 많이 올 거죠?"라고 묻네요. "왜 내일도 눈이 많이 올 거라고 생각해? 비가 올 수도 있잖아?" 했더니 "겨울이잖아요, 겨울에는 추우니까 비가 안 오고 눈만 많이많이 아주 많이 오잖아요."라고 하네요. 성재처럼 아이들은 자연스럽게 따뜻한 날씨와 추운 날씨를 경험하고 이를 통해 내일은 비가 내릴지 또는 눈이 내릴지 그 가능성을 예측해 보기도 한답니다. 이것이 확률의 기초가 됩니다.
김범수 (5년 5개월)	어느 휴일 날, 아침부터 비가 부슬부슬 내리자 흙장난에 흠뻑 빠져 있던 범수가 창밖을 내다보며 "나는 심심한데 달팽이랑 지렁이랑은 오늘 좋겠다."고 합니다. "지렁이랑 달팽이가 왜 좋은데?" 하며 되물었더니 "지렁이랑 달팽이는 비를 좋아하잖아요. 비 오면 어린이집 마당에서 만날 만날 지렁이랑 달팽이가 있었어요. 진짜진짜 좋겠다."라고 하네요. 범수는 비 오는 날이면 어린이집 마당에서 어김없이 꼼지락거리며 발견되던 달팽이, 지렁이가 떠올랐나 봅니다. 그래서 비 오는 그날도 분명 어린이집 마당에 가면 달팽이랑 지렁이를 만날 수 있을 거라고 과거의 경험을 통해 미리 예측을 해 보네요.

2. 값이 싼 음식? 비싼 음식?

★ **음식 가격을 비교하면서 큰 수의 의미를 알 수 있어요.**

★ **음식 값을 어림하여 계산할 수 있어요.**

- **준비물 :** 음식 차림표, 동전, 지폐, 음식(김밥, 떡볶이)
- 만 5세 이상 아이들과 함께 해요.

★ **이렇게 해 보세요!**

① 음식 차림표에 표시되어 있는 가격표를 아이와 함께 읽어 보세요.

→ 엄마 김밥은 얼마라고 표시되어 있니? 떡볶이는 얼마지?

→ 아이 김밥은 1,000원이고요, 떡볶이는 2,500원이에요.

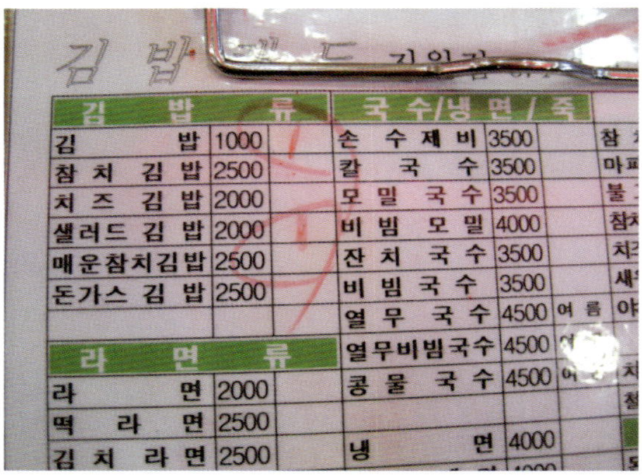

② 음식 값을 비교해 보고 큰 수와 작은 수를 찾아보세요.

→ 엄마 1,000원과 2,500원 중에 어느 수가 큰 수일까? 작은 수는 어느 수일까? 그렇다면 어떤 음식이 더 비쌀까? 더 싼 음식은?

→ 아이 2,500원이 더 커요. 1,000원이 더 작고요.

③ 아이와 함께 음식 값을 어림셈해 보세요.

엄마 김밥 한 줄이 1,000원, 떡볶이가 2,500원이야. 만약에 음식 값을 계산하려고 천원 지폐 4장을 낸다면 돈이 남을까? 부족할까?

엄마 오천원 지폐를 낼까? 만원 지폐를 낼까?
왜 그렇게 생각하니?

엄마만 살짝 보세요!

과거에는 주판이나 암산을 이용하여 실제 값을 정확하게 계산하는 능력이 각광받았지만 첨단공학의 발달로 인해 계산기, 컴퓨터가 대중적으로 보급되면서 더 이상 정확한 계산 능력보다는 실제 값에 가까운 타당한 값이 맞는지 틀리는지를 수학적으로 추리하는 능력인 어림셈이 더욱 중요하게 부각되고 있답니다.

3. 모두 세기! 계속 세기!

★ **피자 크기에 따라 가격이 다름을 알 수 있어요.**

★ **수의 조합 관계를 알 수 있어요.**

★ **모두 세거나 계속 세어서 덧셈을 할 수 있어요.**

● **준비물 :** 메뉴판, 피자, 음료수

● 만 5세 아이들과 함께 해요.

★ 이렇게 해 보세요!

① 메뉴판의 피자 종류와 가격표를 아이와 함께 읽어 보세요.

→ 엄마 고구마 피자 작은 것은 얼마라고 표시되어 있니? 고구마 피자 큰 것은 얼마라고 표시되어 있니? 무엇 때문에 가격이 다를까?

→ 아이 고구마 피자 작은 것은 5,000원이고요, 큰 피자는 8,000원이에요. 피자가 큰 것은 여러 사람들이 먹을 수 있으니까 값이 더 비싸고, 크기가 작은 것은 값이 더 싸요.

② 피자 한 판은 모두 몇 조각인지 세어 보고 수의 조합 관계에 대해 이야기해 보세요.

➔ 엄마 피자 한 판은 모두 몇 조각이니? 각자 먹고 싶은 만큼 피자를 접시에 담고 모두 몇 조각인지 세어 볼까?

➔ 엄마 아빠, 엄마, 민서, 예은이가 피자를 2조각씩 먹는다면 우리가 먹은 피자는 모두 몇 조각일까? (2+2+2+2=8)

➔ 엄마 아빠가 피자 4조각, 엄마 2조각, 민서 1조각, 예은이가 1조각을 먹는다면 우리가 먹은 피자는 모두 몇 조각일까? (4+2+1+1=8)

③ 주문한 음식의 수를 모두 세기, 계속 세기로 더해 보세요.

➔ 엄마 음료수 세 잔을 주문했는데 두 잔을 더 주문하자. 그러면 모두 몇 잔을 주문했니? 같이 세어 보자. 하나, 둘, 셋 더하기 하나, 둘……

➔ 엄마 모두 세어 보자, 하나, 둘, 셋, 넷, 다섯. 모두 다섯 잔이구나!

➔ 엄마 이번에 계속 세어 볼까? 세 잔 더하기 두 잔이니까, 넷, 다섯. 모두 다섯 잔이구나!

- **모두 세기**는 사탕 3개에 2개를 더할 때 1, 2, 3에 1, 2라고 센 후 이를 1, 2, 3, 4, 5라고 모두 다시 세는 방법입니다.

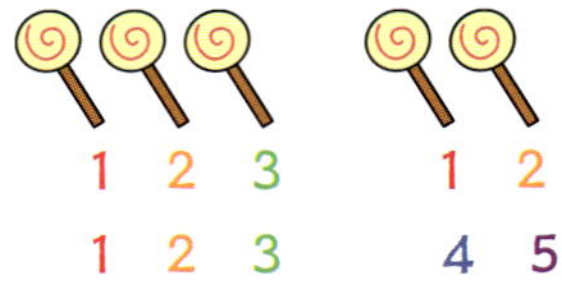

- **계속 세기**는 사탕 3개에 2개를 더할 때 3, 4, 5라고 계속해서 세는 방법입니다.

Tip

엄마만 살짝 보세요!

동서양의 문화권에 따라 수를 더하고 빼는 방법이 다 다르죠! 동양권의 아이들은 대부분 수량을 더할 때 따로따로 세고 나서 다시 합해서 세는 모두 세기와 머릿속으로 수의 합을 계산하는 정신적으로 세기(암산)에 익숙한 편입니다. 반면, 서양권의 아이들은 한 가지 수량을 센 후에 다른 쪽을 계속 이어서 세는 계속 세기 등의 다양한 세기 전략을 시도합니다. 아이와 함께 다양한 수 세기 방법을 시도해 보고 아이가 다양한 세기 전략을 경험할 수 있도록 해 주세요.

우리 아이는요~

조성철 (5년 3개월)	성철이는 동물 인형 놀이를 좋아해요. 얼마 전에 동물마다 다리의 수가 왜 다른지 궁금해하길래 코끼리, 하마, 사자, 기린, 곰 인형의 다리 수를 세어 보자고 했어요. "코끼리랑 하마는 4개니까 응…… 모두 8개이고 그리고 9, 10, 11, 12, 13, 14…… 모두. 열네 개예요."라고 하더군요. 성철이는 코끼리와 하마의 다리 수, 즉 4와 4의 합이 8임을 여러 경험을 통해 이미 알고 있기 때문에 쉽게 암산으로 해결하네요. 그리고 8 이상의 수는 하나씩 더해서 계속 세는 모습을 보여주네요.

4. 묶어 세면 편리해요

★ **수를 더해 볼 수 있어요.**

★ **묶어 세기를 할 수 있어요.**

- **준비물** : 메모지, 스티커
- 만 6세 아이들과 함께 해요.

★ **이렇게 해 보세요!**

① 음식점 안에 있는 사람의 수를 세어 보고 다른 방법으로도 셀 수 있는지 생각해 보세요.

➔ 엄마 음식점 안에 모두 몇 명이 있을까?

➔ 아이 1, 2,……24명이요.

➔ 엄마 음식점 안에서 먹을 수 있는 사람들을 다른 방법으로도 세어 볼 수 있을까?

② 음식점에 있는 테이블에 몇 명씩 앉아 있는지 알아보고 묶어 세기를 해 보세요.

➔ 엄마 한 테이블에는 몇 명이 먹을 수 있니? 묶어서 세어 보자.

➔ 아이 이 테이블에는 2명, 저 테이블에는 2명, 우리 테이블에는 3명이 있어요. 2명, 2명, 3명을 묶어 세면 모두 7명이에요.

➔ 엄마 4, 8, 12, 16, 20, 24로 묶어 셀 수 있어.

③ 아이와 함께 두 명씩 묶어 세기, 세 명씩 묶어 세기를 해 보세요.

→ 엄마 만약에 음식점 안의 사람들을 두 명씩 묶어 세면 모두 몇 명일까?
세 명씩 묶어 세면 모두 몇 명일까?

엄마만 살짝 보세요!

수 세기가 익숙한 유아들은 이미 나름대로 묶어 세는 방법을 이해하고 있지요! 유아들은 실제로 요구르트 5개씩 한 묶음, 치약 3개씩 한 묶음, 달걀 5개씩 1줄 등을 통해 묶어 세기를 경험하고 있답니다. 수 세기 전략 중 둘씩, 셋씩, 다섯씩 묶어 세기 전략을 사용하여 곱하는 상황을 해결하기도 하고, 양을 공평하게 나누기 위하여 일정 양을 반복적으로 덜어내는 전략을 사용하기도 합니다. 즉, 묶어 세기는 곱셈과 나눗셈의 기초가 되며, 특히 10씩 묶어 세기는 10진법의 자릿값 이해에 도움이 된답니다.

자동차 여행

주말에 나들이를 갈 경우 움직임이 제한된 공간(자동차, 버스 등)에 오랫동안 있기란 어려운 일입니다. 이럴 때 자녀와 함께 교통 신호등의 변화에 대해 알아보고, 각자 자신이 좋아하는 차의 수를 세고 수량을 비교할 수 있으며, 또 앞에 가는 차들의 번호판을 보고 1~10까지 순서대로 찾아보기, 번호판의 숫자를 합하여 10 만들기, 숫자 3을 이용하여 10 만들기 등을 해 볼 수 있습니다. 이러한 놀이를 통하여 수 세기, 수 비교, 수의 더하기, 수의 조합 등과 같은 수학적 사고의 기회를 제공할 수 있습니다.

- 교통 신호등 알기
- 도로의 표지판 모양 찾기
- 왼쪽! 오른쪽! 직진!
- 어디만큼 왔니?
- 지나가는 차 분류하기
- 버스 번호 보기
- 지하철 노선 세기
- 지도에서 여행지 찾기

1. 교통 신호등 알기

★ **신호등의 반복되는 규칙을 알 수 있어요.**

★ **시간에 관심을 가질 수 있어요.**

- **준비물** : 휴대 전화의 스톱워치
- 만 3세 이상 아이들과 함께 해요.

★ **이렇게 해 보세요!**

① 신호등 색의 반복되는 규칙을 알아보아요.

> 엄마 지금 빨간색이라서 차들이 멈춰 있지?
> 빨간색 다음에 무슨 불이 켜지면 우리 차가 갈 수 있을까?
>
> 엄마 맞아! 그럼, 초록색 다음에는 어떤 불이 켜질까? 신호등이 어떤 순서로 불이 켜지니?

Tip 신호등에 화살표 표시가 있는 곳에서도 아이와 함께 신호등의 규칙적인 변화에 대해 상호작용을 해 보세요!

② 신호등 색의 변화 시간에 대해 이야기해요.

> 엄마 방금 노란색이었는데 빨간색으로 바뀌었네. 또 멈춰야겠다.
>
> 아이 그럼, 기다려야 되는 거예요? 얼마나 기다려요?
>
> 엄마 음……. 그럼 우리 시간 한번 재어 볼까?
> 어떻게 재어 보는 게 좋을까?

Tip 휴대 전화의 스톱워치 기능을 활용하면 좋아요!

엄마만 살짝 보세요!

신호등 시간을 재어 볼 때 신호가 막 바뀌자마자 시간을 재어도 좋지만 기다리는 동안 얼마나 기다리는지를 알려주고 시간에 관심 갖도록 하는 데 의의가 있으므로 정확한 시간을 재어야 한다고 생각하지 않아도 됩니다. 시간을 재어 보는 데 의의를 두세요.

우리 아이는요~

홍예린 (3년 1개월)	신호등 놀이를 통해서 차가 멈추면 아이는 "어…… 빨간색이네~ 조금만 기다리면 초록색으로 바뀌지요?"라고 말하면서 자연스럽게 교통 신호등의 변화에 대해 관심을 가졌어요. 또 "엄마, 왜 안 가? 얼마나 기다려야 해? …… 우리 시간 재어 볼까?"라고 하면서 시간 재는 것을 좋아한답니다.

2. 도로의 표지판 모양 찾기

★ **도형의 생김새를 구별할 수 있어요.**

★ **도형의 이름을 알아요.**

★ **같은 도형의 수를 셀 수 있어요.**

- **준비물 :** A4 종이나 차에 항상 가지고 다니는 메모장과 필기도구
- 만 2세 이상 아이들과 함께 해요.

★ **이렇게 해 보세요!**

① 도로 표지판이 보일 때 모양을 확인하고 도형 이름을 말해 주세요.

→ 엄마 어! 저기 동그라미 모양이 있네! 정훈이도 보이니?

→ 엄마 우와~ 여기는 세모 모양이 있네? 저기 보이니?

→ 아이 세모 모양(천천히 서행 표시)이 거꾸로 되어 있어요!

② 같은 도형이 몇 개나 있는지 수를 세어 보아요.

→ 엄마 어? 좀 전에 본 모양이 여기 또 있네?

→ 아이 방금 전에 본 동그라미예요!

→ 엄마 음…… 그럼, 우리 동그라미 모양이랑, 세모 모양, 네모 모양 표지판이 몇 개씩 있는지 수를 세어 볼까? 엄마는 세모 모양 세어 볼게, 너는 동그라미 모양을 세자!
동그라미에 숫자는 왜 쓰여 있을까?

③ 도로 표시에 대해 이야기해요.

➔ 엄마　화살표가 어느 쪽으로 굽어졌니? 그래서 어느 쪽으로 가라는 표시니?

➔ 엄마　우리가 광화문을 가야 하는데 어느 쪽으로 가면 되니?

다양한 모양의 이정표들

최고속도제한

최저속도제한

서행

보행 금지

야생동물보호

주차장

비보호좌회전

멈춤

엄마만 살짝 보세요!

차에 항상 메모지나 작은 공책과 필기도구를 가지고 다니면서 아이와 수학 놀이를 할 때 기록하면 좋아요! 숫자를 세어 보기 전에 동그라미, 세모, 네모 모양 등 아이가 그리거나 엄마가 그려 준 후 숫자 세기를 해 보세요. 도착할 때까지 아이는 차 속에서 지루하지 않을 것입니다.

우리 아이는요~

심윤재 (4년 5개월)	처음에는 아이가 가장 익숙한 동그라미, 세모, 네모 모양의 표지판에만 관심을 보였는데 나중에는 오각형, 육각형 모양뿐만 아니라 교통 지시의 이름과 상징에도 관심을 가져 자연스럽게 글자나 큰 수 경험을 하게 되었답니다. "엄마! 근데 저기 있는 숫자가 3하고 0이야!"라고 하면, 저는 "그래, 3하고 0이 같이 꼭 붙어 있으니까 30이라고 해. 자동차 속도를 30으로만 가라는 뜻이야."라고 말해 주었답니다.

3. 왼쪽! 오른쪽! 직진!

★ **왼쪽, 오른쪽, 앞의 공간 관계를 알아요.**

- **준비물** : 차량용 네비게이션이 있으면 더 좋아요.
- 만 3세 이상 아이들과 함께 해요.

★ **이렇게 해 보세요!**

① 도로의 이정표를 보고 아이와 오른쪽(왼쪽, 직진)에 대해 이야기해 보세요.

➔ 엄마　음……, 우리는 서울역에 가니까 어떻게 가야 할까?

➔ 엄마　국립묘지는 오른쪽, 우회전이라고 알려주네!

② 네비게이션이 있다면 네비게이션의 말을 잘 듣고 아이와 이야기해 보세요.

➔ 엄마　(네비게이션의 "다음은 좌회전입니다" 소리를 듣고) 좌회전하라는구나! 좌회전이면……. 오른쪽으로 가야 할까? 왼쪽으로 가야 할까?

엄마만 살짝 보세요!

오른쪽, 왼쪽이라는 개념을 먼저 아이에게 익숙하게 여러 번 상호작용한 뒤 좌회전, 우회전의 용어를 사용해 줍니다. 또 앞뒤의 개념을 알려주기 위해 “우리 앞에 누가 앉아 있지?”, “어떤 차가 있지?”, “뒤에는?”이라는 질문을 하면서 앞뒤 개념도 자연스럽게 알 수 있어요!

우리 아이는요~

이은서 (3년 8개월)	차 안에서 오른쪽, 왼쪽 놀이를 하고 나서 집에 와서 옷을 갈아입히는데 오른쪽 팔을 끼면서 "오른쪽!"이라고 외치고 왼쪽 팔을 끼면서 "왼쪽!"이라고 아이가 말을 하는 거예요. 순간 깜짝 놀랐답니다. 앞으로 잊지 않고 이런 놀이를 계속해 봐야겠어요!

응용 놀이 활동 방향 표시 읽기

산책할 때 아파트 방향 표시도 읽어 보세요. 자동차 여행 중에도 죄회전, 우회전, 직진에 대한 놀이를 하고, 산책 중에 아파트 방향 표시를 통해서도 오른쪽, 왼쪽, 직진을 이야기함으로써 아이들은 더욱더 잘 알 수 있답니다.

4. 어디만큼 왔니?

★ **생활 속에서 사용되는 수의 의미를 알 수 있어요.**

★ **거리 개념을 통해 멀고 가깝다는 말을 이해할 수 있어요.**

- **준비물 :** 차량용 네비게이션이 있으면 더 좋다.
- 만 3~4세 이상 아이들과 함께 해요.

★ **이렇게 해 보세요!**

① 고속도로 여행 중 이정표의 숫자를 찾아보아요.

엄마 어 저기 숫자 5가(5km) 쓰여 있네!
(한참 가다가) 저기 또 적혀 있다. 보이니? 이제 어떤 숫자가 쓰여 있니?

아이 2라고 쓰여 있어요.

엄마 그래! 이제 2km 남았네…… 곧 도착하겠다!

② 도로의 이정표에 쓰여 있는 km를 보고 멀고 가깝다는 개념까지 알아볼 수 있어요.

- 엄마 저기 쓰여 있는 (구천동) 18이랑 (무주) 16이랑 어떤 숫자가 더 클까?
- 아이 18이요……
- 엄마 맞아! 그러면, 18이 더 큰 수이니까 구천동 가는 길이 무주 가는 것보다 더 멀까? 가까울까?

엄마만 살짝 보세요!

이정표의 숫자를 통해 아이는 일상생활 속에서 쓰이는 수의 의미를 알게 되고 멀고 가깝다의 개념을 자연스럽게 알 수 있는 계기가 될 수 있답니다. 또 네비게이션이 있다면 km, m에 대해 언급을 해 주므로 아이의 관심을 더 유도할 수 있습니다.

우리 아이는요~

정미소 (3년 2개월)	처음 아이와 이정표의 숫자 찾기 놀이를 해 본 후 아이가 길을 가거나 차 안에서 항상 숫자 찾기에 전념했답니다. 그 후 차만 타면 "엄마, 저기 5라고 적혀 있어요. 8이라고 적혀 있어요." 하면서 수를 찾고 "엄마, 그러면 5하고 8하고 어떤 것이 더 커요?"라고 질문해서 자연스럽게 거리에 대해 이야기를 해 줄 수 있었답니다.

5. 지나가는 차 분류하기

★ **앞, 뒤, 옆의 공간 개념을 알 수 있어요.**

★ **자동차를 종류별로 분류할 수 있어요.**

● **준비물** : A4 종이나 차에 항상 가지고 다니는 메모장과 필기도구

● 만 3세 이상 아이들과 함께 해요.

★ **이렇게 해 보세요!**

① 차를 타고 도로를 지나가다 차가 멈췄을 때 앞, 뒤, 옆(오른쪽, 왼쪽) 차에 대해 이야기해 보세요.

→ 엄마　세윤아! 엄마 앞(오른쪽, 왼쪽)에 서 있는 차가 뭐지?

→ 아이　자동차예요! 엄마, 우리 옆에는 버스가 있어요!

→ 엄마　차들이 앞에, 옆에, 뒤에 종류별로 있구나!

② 승용차, 트럭, 버스, 오토바이, 밴, 택시 등으로 구분해서 수를 세어 보아요.

→ 엄마　이런 차들이 몇 대나 있는지 찾아볼까? 어떤 차가 제일 많은지 숫자를 세어 보자!

→ 엄마　(또는) 너는 버스를 세어 봐! 나는 택시를 셀게. 누가 많은지 내기하자.

Tip

미리 엄마가 메모지에 교통기관의 종류별 그림을 그려 놓거나 교통기관 모양의 스티커를 주면서 붙여 보기를 해도 좋아합니다.

날짜	가는곳 (도착지)
저전거	//
오토바이	/
자동차	//// ///
트럭	/
버스	//

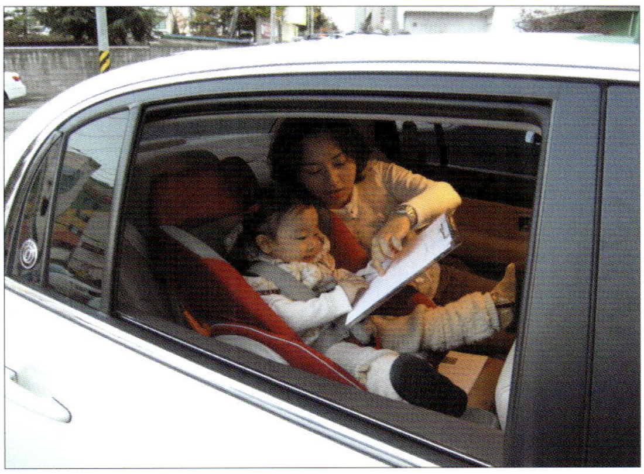

엄마만 살짝 보세요!

그 동안 자동차에 대한 이야기를 많이 하고 자동차 종류별 책을 많이 본 후에 실시하면 아이의 관심을 더 가질 수 있어 효과가 좋아요. 그리고 이렇게 분류 활동을 하다 보면 자연스럽게 몇 대가 있는지를 세면서 묶어 세기를 경험한답니다.

또 한 발짝 더 나아가 아이와 색깔 분류도 같이 할 수 있답니다. 하얀 자동차, 검정 자동차 등으로…….

우리 아이는요~

장세윤 (4년 2개월)	차 타고 가는 걸 싫어하던 우리 아이는 일단 차를 타고 출발하기 시작하면 "엄마! 앞에 트럭이 있어요. 엄마, 옆에는 버스가 있네~"라고 혼자서 먼저 지나가는 차에 대해 관심을 보입니다. 그럴 때마다 저는 아이의 말에 반응해 주면서 ("우와 앞에 트럭이 있고 옆에 버스가 있구나~"라고) 이 활동을 하니 아이는 너무너무 재미있어 하면서 잘 보이지 않던 오토바이가 지나가면 빈칸으로 남겨졌던 곳에 체크하는 걸 기다렸다는 듯이 너무 반가워하며 "이야~ 드디어 오토바이 한~대!"라고 외친답니다. 정말 보람되네요!
김예은 (3년 3개월)	평소 여자 아이라서 자동차에 대해 관심이 없었답니다. 그런데 차를 보면서 분류하기를 해 본 뒤 지나가는 차들을 보면서 "엄마! 이 차랑 우리 차랑 바퀴가 어떤 것이 더 클까?"라고 하면서 자동차 바퀴에도 관심을 갖더라고요. 정말 깜짝 놀랐어요. 또 도로에 다니는 차뿐만 아니라 비행기에도 배에도 바퀴가 있는지, 크기는 얼마나 큰지에 대해 궁금해하여 교통기관 관련 과학탐구 책을 읽어 주었답니다.

응용 놀이 활동

자동차 번호판 놀이

● 만 4~5세 이상 아이들과 함께 해요.

① 엄마와 아이가 차를 선택한 후 번호판에서 큰 수를 찾아보아요.

예 자동차 번호판

8604	2431	4263	5537

→ 엄마 엄마랑 번호판 찾기 놀이해 볼까? 엄마는 저기 하얀 승용차! 8604

→ 아이 엄마 나는 저기 트럭이요! 4263

→ 엄마 엄마는 제일 큰 수가 8인데…… 네가 고른 차는 제일 큰 수가 뭐지?

→ 아이 저는 6이요!

→ 엄마 엄마는 8인데 넌 6이구나! 이번에는 내가 이겼다~ 또 해 보자!

② 자동차 번호판의 두 수를 더해 보아요! 두 수를 합하여 더 많은 수가 될 때 이기는 게임을 해 보아요.

→ 엄마 우리 번호판의 두 수를 더해서 더 많은 수가 나오면 이기는 게임을 해 보자!

→ 아이 알겠어요! 난 4하고 2를 더해서 6이요!

→ 엄마 엄마는 4와 0을 더해서 4! 우와! 이번에는 네가 이겼네~

Tip 아이 수준에서 수가 너무 크다면 작은 단위의 번호판을 골라서 해 보세요!

③ 두 수를 합하여 10이 되는 수를 찾아요.

→ 엄마 번호판 숫자 중에서 두 수를 합해서 10이 되는 수를 찾는 놀이를 해 보자!

→ 엄마 엄마는 저기 8604 번호판에서 6과 4를 더하니까 10이네~

6. 버스 번호 보기

★ **큰 수 경험을 할 수 있어요.**

- **장소 :** 버스 정류장
- 만 4세 이상 아이들과 함께 해요.

★ **이렇게 해 보세요!**

① 버스(지하철) 타고 가는 경우 몇 번(몇 호선)을 타고 갈 것이라고 말해 주세요.

→ 엄마 오늘 할머니 댁에 갈 것인데 900번을 타고 갈 거야……900번이 언제 오는지 잘 보고 있자! (버스 번호판을 보면서 손가락으로 900을 가리킨다.)

→ 아이 900번? 9하고 0하고 또 0하고 같이 있는 것이 900이지요?

② 버스 번호 바로 다음 수에 대해서도 이야기해요.

→ 엄마 900보다 하나 더 큰 수는 뭘까?

→ 아이 음…… 901?

→ 엄마 우와~ 우리 딸 잘 아는구나!

③ 다른 버스 번호에 대해 이야기해요.

→ 엄마 저건 몇 번일까? 버스 번호 읽기 놀이해 볼까?

응용 놀이 활동 어떤 버스가 가장 빨리 도착할까?

요즘 버스 정류장에 가면 버스 도착 시간 안내를 해 주는 곳이 생겼다. 아이와 함께 어느 버스 노선이 빨리 도착할지를 예측해 보는 놀이를 통해 상황을 예측하는 능력을 길러 줄 수 있다.

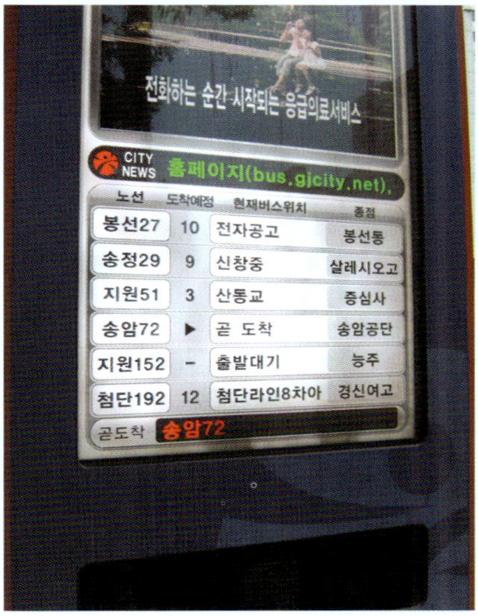

엄마만 살짝 보세요!

일상생활에서 많이 볼 수 있는 큰 수는 버스나 아파트 동 호수에 많습니다. 처음에는 아이가 큰 수를 하나하나 띄엄띄엄 읽지만 나중에는 자연스럽게 큰 수를 읽을 수 있는 계기가 됩니다. 아이가 몇 번을 해도 잘 모른다고 쉽게 포기하지 마시고, 처음에는 작은 수부터 시작해서 여러 번의 이런 활동을 통해 자연스럽게 큰 수를 경험하게 해 주세요!

응용 놀이 활동

버스 안 사람 수는?

- **장소 :** 버스 안
- 만 3세 이상 아이들과 함께 해요.

① 버스(지하철) 안에 사람이 아주 많지 않을 때 사람 수 세기 놀이를 해 보세요.

→ 엄마 여기 사람들이 몇 명이나 있을까? 엄마가 갑자기 궁금해졌네? 몇 명이 있는지 세어 볼까?

→ 엄마 · 아이 하나, 둘, 셋 …… 8명이네…….

② 사람들이 타고 내릴 때에도 계속 수 세기 놀이를 해 보세요.

→ 아이 엄마! 방금 두 명이 내렸어요.

→ 엄마 그렇구나, 그럼 몇 명일까?

→ 아이 6명이요…… (아이가 잘 모를 경우에는 다시 한 번 같이 세어 본 후 설명해 준다.)

→ 엄마 그리고 이번에 또 3명이 탔네! 몇 명이 되었을까?

7. 지하철 노선 세기

★ **정거장 수를 셀 수 있어요.**

★ **시간에 대해 알아요.**

- **장소 :** 지하철 안
- **준비물 :** 지하철 노선표, 시계 또는 휴대 전화(스톱워치 기능)
- 만 4세 이상 아이들과 함께 해요.

★ **이렇게 해 보세요!**

① 지하철을 타고 어딜 가시나요? 그러면 아이와 노선표를 보면서 도착할 곳까지의 정거장 수를 세어 보아요.

➔ 엄마 우리가 갈 곳이 고속터미널이니까 여기에서 몇 정거장을 가야 하는지 세어 볼까?

➔ 엄마 이번 역은 안국역이니까 몇 정거장 남았니?

② 도착할 곳까지의 시간을 재어요.

➔ 엄마 지금 시간이 11시 30분시이니까……언제 도착하는지 우리 시간을 재어 볼까?

➔ 엄마 얼마나 걸릴까?

엄마만 살짝 보세요!

버스 안에서도 할 수 있어요. 버스에서 노선표를 보면서 얼마나 걸리는지를 알아가면서 시간에 대한 이해를 도울 수 있습니다.

우리 아이는요~

심가은 (3년 4개월)	지하철만 타면 언제 내리느냐고 보채어 매번 지하철 안에서는 사람들의 눈치보느라 정신이 없었어요. 그런데 "우리가 어디 가는지 아니? 우리가 갈 곳을 노선표에서 찾아보자! 얼마나 가야 할까? 지금은 어디야?" 라고 하면서 아이와 지하철 안에서 노선 세기 놀이를 해 보니 아이도 즐거워하고 숫자놀이도 하고 시간놀이도 하니 일석이조예요. 이제는 지하철 타는 게 두렵지 않네요!

8. 지도에서 여행지 찾기

★ **위치나 경로를 통해 공간 관계를 알 수 있어요.**

★ **지도에 관심을 가질 수 있어요.**

● **준비물 :** 우리나라 지도 또는 지역 지도

● 만 5세 이상 아이들과 함께 해요.

★ **이렇게 해 보세요!**

① 여행을 가기 전 지도를 펼쳐서 위치에 대해 알려주세요.

→ 엄마 우리 이번에 (지도에 손가락으로 가리키면서) 서해대교, 안면도……를 갈 거야!

→ 아이 우와~ 여기, 여기, 여기?

Tip 아이도 손가락으로 위치를 가리키도록 한다.

→ 엄마 안면도는 서울(현재의 출발지)의 어느 쪽에 있니?

→ 아이 서울에서 왼쪽 아래예요.

엄마 그래 왼쪽에 있지! 지도에서 서쪽이라고 해!

엄마 어느 길을 따라가야 하지? 음…… 서해안 고속도로를 타고 가다가 77번 국도로 가야 할 것 같구나.

Tip

현재의 출발지에서 여행지의 위치를 인식하도록 하세요!

② 여행 경로를 순서대로 말해 보도록 해요.

엄마 (여행을 다녀오는 길에) 우리 어디 어디 갔었지? 생각나니?

Tip

다녀온 곳을 그림으로 그려 보면서 여러 장을 그려 순서대로 나열하기를 통해 아이들에게 위치를 알려줘 보세요! 그러면 아이들의 머릿속에 자연스럽게 위치 개념이 더 확장될 수 있습니다.

③ 다녀온 곳의 그림을 여행 지도로 그려 보세요.

엄마만 살짝 보세요!

자동차를 타고 여행할 때뿐만 아니라 시내를 갈 때에도 지도를 보여주면서 위치에 대해 알아볼 수 있고 고속도로 휴게소나 관광 안내소의 지도를 이용하여 위치에 대해 이야기해 보세요!

우리 아이는요~

김상욱 (4년 10개월)	여행을 갈 때 항상 우리는 지도를 펼쳐 봅니다. 처음에는 내가 '너무 유난 떠는 거 아닌가?' 라고 생각도 했어요. 근데 아이가 지도를 보면서 여기, 여기 손가락으로 짚으면서 갈 곳을 이야기해 주면 "여기랑 여기랑 가까워? 멀어?"라고 말을 하기도 하고 "왼쪽에서 오른쪽으로 가네?"라고 말을 하기도 합니다. 그러면 저는 아이들에게 좀 어렵긴 하지만 "우리는 서쪽에서 남쪽으로 이동하는 거야!"라고 언급하기도 한답니다.

산책 활동

아이와 함께 동네 주위를 산책할 경우 길가 주변의 들꽃 중 자신이 좋아하는 꽃을 서로 정한 후 누구 꽃이 많은지 세어 보기, 아카시아 잎을 1~3장씩 떼어 내기를 하여 마지막에 떼는 사람이 지는 게임 하기, 주위 환경에서 규칙 찾기 등을 할 수 있습니다. 이러한 놀이를 통해서 수 세기, 수의 비교, 패턴, 측정 등과 같은 수학적 사고의 기회를 제공할 수 있습니다.

- 산책도 하고! 패턴도 찾고!
- 저기까지 몇 걸음일까?
- 꽃잎은 몇 개?
- 나무 둘레를 재어 보아요!
- 나뭇잎을 비교해요!

1. 산책도 하고! 패턴도 찾고!

★ **반복되는 규칙을 찾을 수 있어요.**

- **준비물** : 산책 주변의 패턴들
- 만 3세 이상 아이들과 함께 해요.

★ **이렇게 해 보세요!**

① 산책하면서 주변의 반복되는 규칙(보도블록, 맨홀, 담장, 과속방지턱 등)을 찾아보세요.

→ 엄마 아파트 입구 진입하는 곳의 안내 표시 색깔이 검정, 노랑, 검정, 노랑이네. 계속 색깔(모양)이 반복되는구나! 규칙적이네!

→ 엄마 또 이런 것이 있는지 찾아볼까?

② 길을 가다 패턴을 발견하면 다음에 올 것을 예측하도록 해 보세요.

→ 엄마 (동그란) 모양 다음에는 어떤 모양(또는 색깔)이 올까?

엄마만 살짝 보세요!

우리 주위에는 보도블록, 아파트 창문, 베란다 창문 모양, 차도의 과속방지턱의 검정과 노란색의 반복, 맨홀의 모양 등에서 반복적인 규칙을 찾아볼 수 있으므로 아이와 규칙적인 패턴 모양을 찾는 활동을 해 보세요.

아이에게 패턴에 대해 생각해 볼 수 있도록 "어떤 규칙을 찾아볼 수 있니?" "다음에는 무엇이 올까?" "점점 커지는 규칙도 있을까?" "이것들로 다른 규칙을 배열해 볼까?"라고 질문하여 패턴에 익숙해지도록 해 보세요.

우리 아이는요~

홍예린 (3년 1개월)	하루에 한 번 정도씩은 꼭 밖에 나가자고 하는 딸 때문에 산책을 자주 하는 편인데 걸어가다 우연히 구멍이 규칙적으로 뚫려 있는 의자 모양을 보고 내가 "우와~ 의자의 모양이 규칙적으로 뚫려 있구나."라고 했더니 "규칙?"이라고 대답하고 나서 아무 모양이나 다 규칙이라고 하더니…… 주변의 여러 사물들의 규칙 찾기 놀이를 여러 번 해 주었더니 이제는 자신의 놀이 활동 속에서도 규칙적으로 배열하는 놀이를 합니다.

2. 저기까지 몇 걸음일까?

★ **거리를 재어 볼 수 있어요.**

- **준비물** : 줄넘기 줄이나 긴 끈
- 만 3세 이상 아이들과 함께 해요.

Tip 연령이 만 4세 이상일 경우에는 줄자나 가지고 있는 여러 가지 물건들이 있으면 좋아요!

★ **이렇게 해 보세요!**

① 몇 걸음인지 이야기해 보세요.

엄마 우리 저기까지 몇 걸음이나 걸어야 도착할 수 있을까?

아이 몰라요! 음…… 많~이! 10걸음!

② 어른과 아이의 한 걸음 보폭이 다르다는 것을 이야기해요.

엄마 그럼 우리 직접 걸어 볼까? 몇 걸음이 나오는지?

엄마 엄마는 5걸음이었는데, 넌 9걸음이네?

아이 왜 다르지요?

엄마 자 봐~ 한 걸음 걸을 때 넌 얼마만큼 가지?

③ 줄넘기 줄로 길이를 재어 봐요.

엄마 네 발걸음으로 9걸음이었는데 줄넘기 줄로 재면 어떻게 될까?

아이 여기에 이 돌로 표시하고 줄넘기 줄을 옮겨서 놓아 봐요!

엄마 그래! 이렇게 놓으니까 줄넘기 한 줄하고 절반 정도이네!

Tip

③의 활동은 아이가 측정에 대해 인식을 어느 정도 하고 있을 때 가능합니다. 즉 '~보다 크다, ~보다 작다, 더 길다, 더 무겁다'라고 말할 수 있거나 길이나 무게, 양의 보존 개념이 있을 때 시작할 수 있습니다.

엄마만 살짝 보세요!

측정의 개념은 무조건 자로 재어야 하는 것이 아니라 아이들은 구체물로 제시해야 합니다. 어린 유아들은 측정 도구가 아닌 클립이나 연필, 줄넘기, 훌라후프 등으로 재어 보아 몇 개인지를 알아보는 활동을 한 후에 자나 저울로 재어 보는 측정 활동을 해야 합니다.

우리 아이는요~

김 진 (4년 6개월)	진이가 가지고 있는 줄넘기 줄은 한 개였는데 재어야 하는 거리는 줄넘기 길이를 훨씬 넘으니까 줄넘기 줄을 일단 놓은 뒤 남은 거리를 무엇으로 재어야 할지 생각하더라고요. 진이는 나뭇가지를 찾아와 줄넘기 줄 끝에 놓아 두고 다시 그 줄넘기로 남은 길이를 재어 보더니 "줄넘기 한 개 반의 길이이네."라고 말을 하네요! 이런 활동들을 자주 하다 보니 길이 재어 보는 놀이를 줄넘기 줄이 아닌 다른 물건들로 혼자서도 해 보려고 하면서 즐거워합니다.

3. 꽃잎은 몇 개?

★ **모양을 구분할 수 있어요.**

★ **수 세기를 할 수 있어요.**

- **준비물** : 길거리의 꽃
- 만 2세 이상 아이들과 함께 해요.

★ **이렇게 해 보세요!**

① 꽃잎 모양에 대해 이야기해 보아요.

➜ 엄마 봉선화 꽃이야. 예쁘지? 어, 저기는 채송화도 있네!

➜ 아이 저건 채송화예요?

➜ 엄마 응, 저건 채송화! 채송화랑 봉선화랑 꽃 모양이 어때? 색깔은? 이 모양과 저 모양이 어떻게 비슷하니? 어떻게 다르니?

② 꽃잎 수를 세어서 비교해 보세요.

➜ 엄마 우리 채송화 꽃잎이랑 봉선화 꽃잎 수를 세어 볼까?

채송화

봉선화

엄마만 살짝 보세요!

주변에 있는 여러 꽃잎들의 비교(모양, 꽃잎 수)를 통해서 자연스럽게 아이들은 비교 개념을 알게 됩니다. 주변의 꽃들을 그냥 지나가지 마세요!

우리 아이는요~

이태곤 (3년 6개월)	한 번 봤던 꽃뿐만 아니라 이 활동을 한두 번 했더니 길가의 꽃들을 보면 꽃에 대해 관심을 갖기 시작했어요. "엄마 이 꽃은 이름이 뭐야?"라고 하면서 저를 당황하게 해서 꼭 집에 와서 꽃 이름을 찾아봐요. 그리고 자연스럽게 "꽃잎 수 세어 볼까?"라고 말하면서 꽃잎 수를 세어 보니까 수학하고 과학이 동시에 되네요!

4. 나무 둘레를 재어 보아요!

★ **크기의 차이를 알 수 있어요.**

- **장소** : 가로수가 있는 거리
- 만 3세 이상 아이들과 함께 해요.

★ **이렇게 해 보세요!**

① 산책할 때 가로수(한 아름 정도 되는 둘레의 나무)를 발견하면 꼭 껴안아 보세요.

→ 엄마 (나무를 꼭 껴안으면서) 엄마가 이렇게 안으니까 나무가 정말 따뜻하겠다~.

→ 엄마 너도 한번 이렇게 껴안아 줄까?

② 엄마가 잴 때와 아이가 잴 때 둘레의 차이를 비교해 보세요.

→ 엄마 어! 네가 안아 줄 때보다 엄마가 안아 줄 때 더 꼭 껴안아지네 왜 그럴까?

→ 아이 엄마가 더 팔이 길어서 그렇잖아요~

→ 엄마 그렇지! 엄마는 한 아름 안고도 손으로 한 뼘 정도 남는구나~ 너는 한 아름 안고 4뼘 정도 남고…….

Tip 이때 아이가 손으로는 몇 뼘이 남는지 아이 손으로 재어 보게 해도 된다.

③ 여러 가지 방법으로 나무 둘레를 재어 보세요.

→ 엄마 이번에는 우리 손으로 재어 볼까? 한 뼘, 두 뼘…….

Tip

손으로 재어 보는 방법도 아이와 크기 비교를 하면서 재어 본다.
또한 산책하면서 길이를 재어 볼 수 있는 여러 가지 임의 단위(줄넘기, 신발끈, 스카프 등)를 이용하여 측정을 해 본다.

5. 나뭇잎을 비교해요!

★ **반복되는 규칙과 대칭을 알 수 있어요.**

- **준비물** : 길거리에 떨어져 있는 나뭇잎
- 만 2세 이상 아이들과 함께 해요.

★ **이렇게 해 보세요!**

① 나뭇잎 모양을 살펴보고 규칙이나 대칭을 찾아보아요.

→ 엄마 어? 나뭇잎에 선이 있네!

→ 엄마 우리 나뭇잎을 한번 뒤집어서 보자! 살짝 접어 보면 어떨까? (반으로 접고 아이가 똑같다는 반응을 보이면) 왼쪽과 오른쪽의 무늬가 같네! (잠깐! 자연을 사랑하는 마음, 떨어져 있는 나뭇잎을 이용하세요.)

② 집에 나뭇잎을 몇 개 주워 와서 미술 놀이를 해요.

Tip 어릴 적 한 번 정도 해 보신 기억 있으시죠? 종이 아래에 나뭇잎을 놓고 크레파스로 문지르면 나뭇잎 모양이 나오는 놀이! 한번 해 보세요!

엄마만 살짝 보세요!

나뭇잎뿐만 아니라 우리 주변에서 대칭으로 이루어진 것들을 찾아보자! 도화지를 반으로 접었을 때, 왼손과 오른손을 마주 대거나 신발 바닥을 대어 볼 때 등 다양한 곳에서 대칭을 볼 수 있습니다.

우리 아이는요~

정인혁 (4년 1개월)	나뭇잎을 뒤집어서 보니 나뭇잎 모양 대칭이 더 잘 보인다는 것을 알고 난 후 항상 나뭇잎을 뒤집어서 모양을 살핀답니다. 이 활동을 해 보면서 "엄마, 여기(왼쪽)랑 여기(오른쪽)랑 모양이 같아요."라고 하기도 하며 재미있어 하고, 저도 나뭇잎을 보면 나뭇잎 모양을 더 자세히 보게 되었답니다.

응용 놀이 활동

나뭇잎 떼기 게임

★ **산책할 때 함께 해 보세요.**

● 만 2세 이상 아이들과 함께 해요.

① 여러 개의 작은 잎이 잎대에 붙어 하나의 잎사귀를 이루고 있는 나무(예: 아카시아 나무)를 발견했을 때 해 보세요.

→ 엄마 우리 이 나뭇잎에 붙어 있는 작은 잎을 세어 볼까?

→ 엄마 엄마 것은 몇 개? 우리 아들 것은 몇 개지?

→ 아이 엄마 것은 5개, 내 것은 3개.

→ 엄마 그럼 나뭇잎 수를 똑같이 만들어 보자. 누구 것을 떼어야 할까?

② 나뭇잎 떼기 놀이를 하면서 수 비교를 해 보세요.

→ 엄마 우리 나뭇잎 떼기 놀이를 하자! 가위바위보를 해서 진 사람이 나뭇잎을 하나씩 떼는 거야~ 나뭇잎이 많이 남은 사람이 이기는 거야~

→ 엄마 · 아이 가위바위보~

엄마만 살짝 보세요!

큰 아이와는 게임 규칙을 바꿀 수도 있습니다. 가위바위보에서 이긴 사람은 나뭇잎 하나 또는 둘을 뗄 수 있으며, 마지막 잎을 떼는 사람이 게임에 지는 것으로 정할 수도 있습니다.

빨래하기/청소 활동

빨래나 청소를 할 때에도 여러 가지 수학 놀이를 할 수 있습니다. 빨래하기 전이나 빨래한 후에 색깔별 또는 용도별로 옷을 분류하기도 하며, 청소할 때 같은 장난감끼리 정리하기, 재활용품 분류하기 등을 할 수 있습니다. 이와 같은 활동들을 통해서 분류하기, 순서 짓기, 수 세기, 자료 분석 및 통계의 기초적인 개념 등과 같은 수학적 사고의 기회를 제공할 수 있습니다.

- 빨래 정리하기
- 장난감 자리 찾기
- 재활용품 분리하기

1. 빨래 정리하기

★ **같은 옷끼리 분류할 수 있어요.**

★ **짝을 지어 볼 수 있어요.**

● **준비물 :** 다양한 옷의 종류(아기 옷, 어른 옷, 윗옷, 아래옷, 치마, 바지, 속옷, 스타킹, 양말, 비옷, 앞치마, 장갑, 다양한 색깔과 기능의 옷 등)

● 만 2세 이상 아이들과 함께 해요.

★ **이렇게 해 보세요!**

① 빨래를 말린 후 여러 가지 옷을 보여주세요.

→ 엄마 이 옷은 누구 옷일까?

→ 아이 와! 내 옷이다.

② 아이 옷장에 넣을 옷, 아빠 옷장에 넣을 옷, 엄마 옷장에 넣을 옷끼리 모아 보아요.

→ 엄마 예린아! 예린이 옷장에 넣을 옷만 모아 볼까? 엄마 옷끼리 모아 보자. 아빠 옷끼리 모아 보자.

→ 엄마 이번에는 바지, 치마별로 모아 보자.

Tip

나이가 어린 아이는 한 가지 기준으로 모아 보게 해 주세요. 예를 들면 색깔, 크기, 상의와 하의별로 나눌 수 있게 해 주세요. 나이가 많은 아이는 아이에게는 두 가지 기준으로 나눌 수 있게 해 주세요(예: 어른 옷이면서 단추가 있는 옷, 없는 옷/아빠 옷인데 티셔츠와 와이셔츠).

엄마만 살짝 보세요!

일상생활 속에서 아이와 함께 빨래를 정리하면서도 가능합니다. 빨래들의 크기와 색깔 등의 특징에 따라 분류해 보는 것은 아이에게 흥미를 유발하는 활동이 될 것입니다. 어린 아이일 경우에는 양말 짝 짓기 활동이 적당합니다.

우리 아이는요~

김정민 (2년 1개월)	아이와 일상생활 속에서 일어나는 수학 활동을 하고부터는 빨래를 널고 개는 일이 엄마의 몫이 아니라 함께 하는 일이 되었어요. 아이와 함께 수학 활동지로 분류나 짝 짓기를 했는데 정민이와 함께 옷을 개는 일을 하고 난 후에는 가족의 옷에 관심을 가지고 세탁물 통에 자기 옷을 벗어서 넣는 것을 스스로 하게 되었답니다.

응용 놀이 활동

빨래 분류하기

● 만 3세 이상 아이들과 함께 해요.

① 빨래를 하기 전에 3~4개의 빨래바구니를 마련하고 속옷과 수건/흰옷/니트류/색깔 옷 등 계열별로 모아 보아요.

→ 엄마 엄마가 세탁기에 빨래를 넣으려고 하는데 팬티랑, 수건만 찾아서 이 빨래통 안에 넣어 보자!

→ 엄마 우와~ 이렇게 모으니까 빨래하기가 훨씬 편한걸. 고마워!

2. 장난감 자리 찾기

★ **다양한 장난감을 탐색해 볼 수 있어요.**

★ **장난감과 자리를 짝 지을 수 있어요.**

★ **수를 세어 볼 수 있어요.**

● **준비물 :** 장난감, 바구니, 장난감 사진

● 만 2세 이상 아이들과 함께 해요.

★ **이렇게 해 보세요!**

① 아이와 함께 장난감을 가지고 놀아 주세요.

→ 엄마 정훈이가 자동차 놀이를 하고 있네.
띠띠빵빵~ 정훈이 자동차는 어디를 가고 있어요?

② 놀이 후에 장난감 자리를 찾아보세요.

→ 엄마 정훈아, 엄마와 함께 자동차를 집에 데려다 주자!
자동차 집은 어디일까? 자전거 집은 어디일까?

→ 엄마 이 공들은 어디에 정리하면 좋을까? 제자리에 놓아 볼까?
큰 순서대로 놓아 볼까?

③ 정리된 장난감 수를 함께 세어 보세요.

→ 엄마 자동차가 모두 몇 대인지 같이 세어 볼까?

→ 엄마 · 아이 한 대, 두 대, 세대 ……

Tip

나이가 어린 아이에게는 장난감 종류별로 나눌 수 있게 해 주세요.

우리 아이는요~

이정훈 (3년 5개월)	정훈이는 장난감을 정리하기 싫어하는 아이였어요. 그런데 알록달록한 바구니에 장난감 사진이나 그림을 붙여 주었더니 스스로 장난감을 정리하기 시작했답니다. 장난감 정리하라는 잔소리보다는 분류할 수 있는 기준을 주고 아이 스스로 할 수 있게 도와주었더니 좋아한답니다.

3. 재활용품 분리하기

★ **큰 수와 작은 수를 비교할 수 있어요.**

★ **수를 세어 보고 그래프로 나타낼 수 있어요.**

● **준비물 :** 여러 가지 재활용품, 흰 전지, 재활용품 통

● 만 5~6세 아이들과 함께 해요.

★ **이렇게 해 보세요!**

① 분리수거 표시에 대해서 알아보아요.

➔ 엄마 분리수거 표시에는 어떤 것들이 있을까?

② 재활용품 모은 것을 아이와 함께 분리해 보아요.

➔ 엄마 캔류, 플라스틱류, 유리병, 종이류를 종류별로 분리해 보자.

③ 분리한 재활용품을 수를 세어 보고 비교해 보세요.

➔ 엄마 음료수 병(캔, 플라스틱)은 모두 몇 개일까?

➔ 엄마 가장 많은 수의 재활용품은 무엇일까?
가장 적은 수의 재활용품은 무엇일까?

엄마만 살짝 보세요!

자료 분석과 통계는 다양한 정보를 체계적으로 다루는 방법을 제공하며 문제 해결의 중요한 수단으로 활용되고 있답니다. 그리고 정보화 사회에서 어떤 현상이나 문제에 대해 답을 줄 수 있는 정보의 수집과 활용할 수 있는 능력으로 이러한 능력은 중요한 가치가 있습니다. 또 자료를 효율적으로 전시하기 위해서는 그래프가 활용됩니다.

아이가 자료로부터 여러 관계를 탐색하고, 비교하고, 결과를 이해할 수 있도록 분류하기 활동을 한 후 그래프 활동도 한 번씩 해 보세요! 이 과정에서 아이는 자신이 탐색하고자 했던 점과 예측한 결과들이 어떻게 분석되었는지 설명하고, 그 의미를 이해할 수 있는 기회를 갖게 됩니다.

우리 아이는요~

김규리 (5년 1개월)	처음에는 재활용품을 한꺼번에 모아서 깡통, 유리병, 플라스틱을 재활용통에 넣었어요. 무의식적으로 재활용품을 분리할 뿐이었습니다. 차츰 집에서 흰 전지를 바닥에 깔고 한꺼번에 모아 놓은 재활용품을 따로따로 분류하였고 우리 집에 재활용품이 많다는 것을 알게 되었지요. 그 후 규리는 재활용에 대해서 관심을 가지고 집에 재활용품을 분리해서 담을 수 있는 통을 만들자고 제안까지 하게 되었습니다. 그리고 스스로 재활용품 분리를 하고 "왜 이렇게 재활용품이 많이 나오는 거야?"라고 말하며 쓰레기를 줄일 수 있는 방법까지 생각을 한답니다.

수학적 게임

아이와 함께 하는 게임을 통해서도 즐거운 수학 활동을 할 수 있을 것입니다. 다 마신 주스 캔과 공을 사용하여 볼링 게임을 할 수 있고 바둑판을 이용하여 삼목이나 오목 놀이를 할 수도 있으며, 종이에 마구 점을 찍은 후 삼각형이나 사각형 만들기 게임을 할 수도 있을 것입니다. 또 숫자 카드를 사용하여 순서대로 놓기, 같은 수 카드 가지기 등 다양한 게임을 할 수 있습니다. 이와 같은 게임들에는 전략적 사용도 요구되기 때문에 논리적 사고력의 기회도 제공할 수 있을 것입니다.

- 수학적 게임의 기본적 단계 -

① 게임 이름과 자료를 소개해 주세요.

② 게임을 어떻게 할지 추측해 보세요.

③ 게임 규칙에 대해 이야기해 보세요.

④ 순서를 정하고 게임을 해요.

- 윷놀이
- 바둑알 튕기기
- 삼목놀이
- 점으로 도형 만들기
- 깡통 볼링 놀이
- 큰 수 작은 수 찾기

1. 윷놀이

★ **수 세기를 할 수 있어요.**

★ **1씩 증가하는 규칙을 알 수 있어요.**

- **준비물 :** 윷, 윷놀이 판, 말
- 만 5~6세 아이들과 함께 해요.

★ **이렇게 해 보세요!**

① 윷놀이를 하면서 수 세기를 해 보세요.

➔ 엄마　혜연이가 윷을 던져 보겠니?

➔ 엄마　스티커가 위로 올라간 것이 몇 개 나왔지?

➔ 엄마　하나, 둘, 셋 걸이 나왔구나.

② 1씩 증가하는 규칙에 대해 이야기해 주세요.

➔ 엄마　도가 나오면 한 칸, 개가 나오면 두 칸 말을 보낼 수 있단다.

Tip

윷놀이가 익숙해지면 기존의 윷놀이 방법이 아닌 다른 방법을 제안해 보세요. 예를 들면, 걸이 나오면 뒤로 가기라든지 도가 나오면 꽝으로 하는 방법으로 제안해 보세요.

엄마만 살짝 보세요!

게임은 간접적으로 수학교육이 이루어질 수 있는 좋은 놀이입니다. 교육적인 게임이 되기 위해서는 유아가 게임을 어떻게 할 것인지 찾아낼 수 있는 흥미롭고 도전적인 방법을 제시하고, 스스로 성공 여부를 판단할 수 있어야 합니다. 또한 게임을 통해 유아는 자신감이 생기고 적극적인 아이가 된답니다.

2. 바둑알 튕기기

★ **수 세기를 할 수 있어요.**

★ **뺄셈을 할 수 있어요.**

- **준비물 :** 바둑판, 바둑알
- 만 4~7세 아이들과 함께 해요.

★ **이렇게 해 보세요!**

① 바둑판의 바둑알 튕기기 게임을 하세요.

➔ 엄마 바둑알을 모두 몇 개 놓아야 하지?

➔ 엄마 (게임 진행 중) 바닥에 바둑알 한 개가 떨어졌네.
바둑판에 몇 개의 알이 남았니?

② 게임이 끝나면 바둑판에 남아 있는 바둑알을 세어 보세요.

➔ 엄마 바둑판에 모두 몇 개의 알이 남았니?
바닥에 몇 개의 알이 떨어졌니?

➔ 엄마 10개의 바둑알 중에서 5개가 떨어졌네.
그럼 몇 개가 남아 있니?

Tip 처음에는 10 이하의 수를 경험할 수 있도록 바둑알로 게임을 해 보시고 차츰 10 이상의 수를 경험할 수 있도록 수를 늘려 주세요.

엄마만 살짝 보세요!

더하기와 빼기는 부분-전체의 관계를 이해하는 논리적 사고가 요구되어서 어린 아이들에게는 어려운 과제입니다. 비록 더하기와 빼기가 어려워도 학습과 관련된 의미 있는 경험의 제공이 필요합니다. 가정에서도 아이들에게 일상생활 속에서 "정훈이가 과자 5개를 가지고 있었는데 규리에게 과자 2개를 주었구나. 그럼 정훈이는 몇 개를 가지고 있니?"라고 질문을 해 주세요. 또는 "정훈이가 과자 5개를 가지고 있네. 규리도 과자 2개를 가지고 있네. 모두 몇 개의 과자가 있니?" 등 여러 가지 확장적 질문을 해 주세요. 그럼 아이들에게 많은 더하기 빼기 기회를 제공할 수 있을 것입니다.

3. 삼목 놀이

★ **공간적 위치적 관계를 이해할 수 있어요.**

★ **논리적 사고를 기를 수 있어요.**

★ **수 세기를 할 수 있어요.**

- **준비물 :** 바둑판, 바둑알
- 만 4~5세 아이들과 함께 해요.

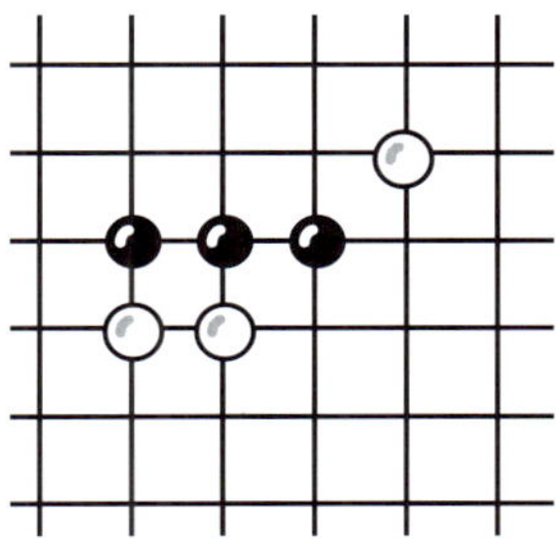

★ **이렇게 해 보세요!**

① 삼목 놀이를 진행하면서 수 세기를 해 보세요.

➔ 엄마　○○는 바둑알을 몇 개 놓았니?

➔ 아이　두 개요.

② 삼목 놀이를 진행하면서 바둑알이 놓인 위치에 대해서 이야기해 보세요.

➔ 엄마　하얀 바둑알이 어떤 선(가로 선, 세로 선, 대각선)으로 놓여 있니?
검정 바둑알은 어떤 선(가로 선, 세로 선, 대각선)으로 놓여 있니?

③ 바둑알의 위치와 숫자를 함께 이야기해 보세요.

→ 엄마 하얀색 바둑알이 가로선으로 몇 개가 놓여 있니?

→ 아이 가로 선에 하나, 둘, 셋. 야호! 내가 이겼다.

Tip 처음에는 3개로 삼목을 두세요. 이 활동에 익숙해지면 오목 두기 놀이로 확장해 주세요. 그리고 바둑알을 교차점에 놓는 것을 상기시켜 주세요.

엄마만 살짝 보세요!

공간의 이해는 아이들이 일상생활을 하는 데 필수적입니다. 아이들은 자연스럽게 직면하게 되는 일상생활에서 공간의 위치, 방향 등을 경험하게 됩니다. 여기에서 더 나아가 교실 지도나 주변 지역의 단순한 지도를 보고 목적지 찾아가기, 친숙한 장소와 위치를 지도로 그려 보는 활동으로 확장된다면 아이의 공간 능력이 발달된답니다.

4. 점으로 도형 만들기

★ **여러 가지 도형을 비교할 수 있어요.**

★ **수 세기를 할 수 있어요.**

★ **수의 많고 적음을 알 수 있어요.**

- **준비물 :** 종이, 색깔 볼펜, 스티커(곰돌이, 멍멍이)
- 만 4~5세 이상 아이들과 함께 해요.

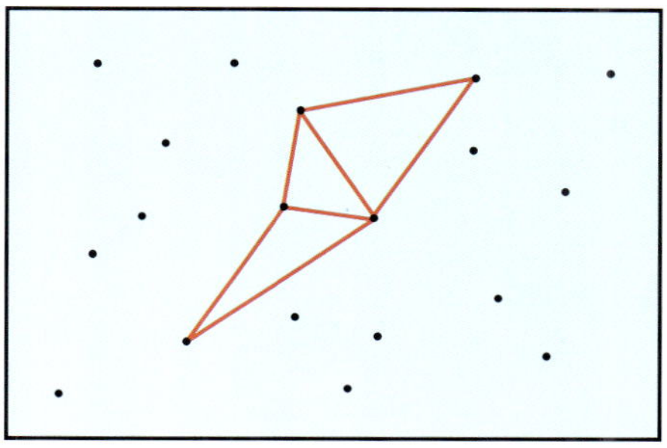

★ **이렇게 해 보세요!**

① 점을 이어 도형을 만들어 보아요.

➜ 엄마 점 잇기를 하면서 선을 그어 엄마가 먼저 모양을 만들면 곰돌이 스티커를 붙이고 네가 먼저 모양을 만들면 멍멍이 스티커를 붙이자.

② 점 잇기 게임을 끝마친 뒤에 수 세기를 해 보세요.

➜ 엄마 멍멍이 스티커가 붙어 있는 도형은 모두 몇 개니?

➜ 엄마 곰돌이 스티커가 붙어 있는 도형은 모두 몇 개니?

➜ 엄마 멍멍이 스티커랑 곰돌이 스티커 중에 누가 더 많니?

③ 도형 찾기 놀이도 해 보세요.

➔ 엄마 멍멍이 스티커(곰돌이 스티커)가 붙어 있는 도형에서 세모와 네모를 찾아 볼까?

➔ 엄마 멍멍이 스티커(곰돌이 스티커)가 붙어 있는 세모(네모)는 몇 개니?

④ 만들어진 도형의 모양을 비교해 보세요.

➔ 엄마 이 세모와 저 세모는 어떻게 다르니?

Tip 처음 점 잇기를 할 때는 적은 수의 점에서 시작해 주세요. 차츰 이 놀이에 익숙해지면 점의 수를 늘려 주세요. 또 종이의 크기도 변화를 주면서 하면 더 재미있는 놀이가 될 거예요.

엄마만 살짝 보세요!

기하는 분수나 측정 등의 추후 수학 학습의 도구적 역할을 할 뿐만 아니라 다른 과목의 학습에도 기초를 제공합니다. 발달 특성상 3~6세 아이가 도형에 대한 많은 개념을 학습할 수 있는 적기이며 많은 기하학적 개념을 획득한다고 합니다. 그러나 3세 아이들은 삼각형과 사각형의 모양들을 구분하여 그리지 못한다고 합니다. 게임을 통한 도형 그리기 활동은 모양에 대한 생각을 나타내는 데 중요한 활동이라고 할 수 있어요. 그러므로 가정에서도 아이들과 학습지가 아닌 게임을 통한 도형 놀이를 자주 해 보세요!

5. 깡통 볼링 게임

★ **수 세기를 할 수 있어요.**

★ **물건을 배치하면서 공간-위치 관계를 경험해 볼 수 있어요.**

★ **빼기를 할 수 있어요.**

- **준비물 :** 빈 깡통, 색깔 시트지, 번호
- 만 3세 이상 아이들과 함께 해요.

★ **이렇게 해 보세요!**

① PTP병 또는 깡통 핀을 세어 보세요.

→ 엄마 엄마랑 만든 깡통 볼링 핀을 세어 볼까? 모두 몇 개니?

→ 아이 10개요.

② 깡통 볼링을 한 후 쓰러진 볼링 핀을 세어 보세요.

→ 엄마 민서야 바닥에 쓰러진 볼링 핀은 모두 몇 개니?
그러면 남아 있는 볼링 핀은 모두 몇 개니?

③ 깡통 볼링을 배치하는 방법에 대해 이야기해 보세요.

→ 엄마 깡통 볼링을 할 때 어떻게 볼링 핀을 놓으면 될까?

→ 엄마 민서가 한번 볼링 핀을 놓아 보겠니?

④ 깡통을 배치하면서 위치에 대해 이야기해 보세요.

→ 엄마 이번에는 깡통을 어떤 모양으로 놓으면 좋을까?

→ 아이 이제는 긴 네모로 놓아 보고 싶어요.

Tip

깡통 볼링 핀 배치를 너무 일률적으로 하지 마시고 유아가 스스로 생각한 대로 배치를 하도록 해 주세요. 깡통 볼링을 하기 전에 볼링 핀과 쓰러진 볼링 핀을 빼고 더하는 활동으로 확장시켜 주세요. 또는 여러 번 하여 합계를 내어 게임 승패를 결정할 수도 있어요.

6. 큰 수 작은 수 찾기

★ **수의 크기를 비교해 볼 수 있어요.**

★ **수 세기를 할 수 있어요.**

- **준비물** : 숫자 카드 20장(1, 2, 3, 4, 5, 6, 7, 8, 9, 10 각 2장씩)
- 만 4~5세 이상 아이들과 함께 해요.

★ **이렇게 해 보세요!**

① 숫자 카드를 비교하면서 큰 수와 작은 수 게임을 소개해 주세요.

➔ 엄마　이건 무슨 숫자야?

➔ 엄마　6보다 큰 수는 무엇 무엇이 있니? (예: 7, 8, 9, 10)

➔ 엄마　5보다 작은 수는 무엇 무엇이 있니? (예: 1, 2, 3, 4)

② 엄마와 아이가 함께 뒤집은 카드의 수를 비교해 보세요.

➔ 엄마　누구의 숫자가 크니(작으니)?

엄마 엄마 카드 숫자는 5야, 예린이 카드 숫자는 7이네.
큰 숫자를 가진 사람이 이기는 거야. 누가 이겼을까?

Tip
같은 숫자 기억 게임으로 변형하거나 유아의 수준을 고려해서 낮은 수에서 높은 수 범위를 조절해 주세요. 큰 수, 작은 수 비교 게임으로 확장해 주세요. 또한 두 장씩 뒤집어 더하기 또는 빼기 게임으로 변형할 수 있어요.

기타 활동

우리 아이들은 우편물을 찾고, 영화를 보고, 은행에 가는 등의 일상생활에서 다양한 수학적 사고를 할 수 있어요. 심지어 잔소리로 시작되는 유치원 가는 길에서도 즐거운 수학적 경험을 할 수 있습니다. 단, 이러한 상황에 아이들이 참여하였을 때 의미 있는 수학 활동이 될 수 있어요.

- 잘못 배달된 우편물 찾아주기
- 극장의 좌석 찾기
- 은행 대기표
- 유치원 갈 시간

1. 잘못 배달된 우편물 찾아주기

★ **숫자가 위치를 나타낼 수 있음을 알 수 있어요.**

★ **주소와 위치의 관계에 관심을 가질 수 있어요.**

- **준비물 :** 잘못 배달된 우편물
- 만 4~5세 아이들과 함께 해요.

★ **이렇게 해 보세요!**

① 우리 집을 숫자로 나타낼 수 있어요.

➔ 엄마 오늘은 누구에게 편지가 와 있을까? 우리 집 우편함을 찾아볼까?

➔ 아이 맞아! (1502호를 가리키며) 엄마, 여기요.

➔ 엄마 우리 집은 1502호라고 적혀 있지! 1502호 우편함에 들어 있는 편지를 꺼내어 볼까?

➔ 아이 (편지를 꺼내며) 엄마, 3개가 왔어요.

➔ 엄마 하나는 엄마에게 오고, 하나는 아빠에게 오고, 이것은 1602호 편지구나!

② 잘못 배달된 우편함의 위치를 찾아보아요.

➔ 엄마 1602호 우편함은 어디일까? 우리 집 1502호 우편함 위에 있구나!

③ 다른 우편함의 위치와 주소의 관계에 대해 이야기해요.

➔ 엄마 우리 집이 15층이니까 15, 우리 라인은 1호랑 2호이니까, 1502호구나. 이렇게 숫자는 우리 집 우편함을 편리하게 찾도록 도와주는구나!

엄마만 살짝 보세요!

숫자는 순서만을 나타내는 것일까요. 숫자는 위치도 나타낸다는 것을 아이들과 함께 이야기해 볼 수 있는 계기가 됩니다. 우리 아이가 이해하기에 약간 어려운 개념들도 천천히 조금씩 접근해 가 보면 어떨까요? 우리 아이들이 조금씩 수와 더 친해지고 수의 필요성을 알게 될 것입니다. "아파트 동과 호수가 없다면 어떻게 될까?" 아이들과 이야기를 나누어 보세요. 숫자라는 것은 세상을 또 다른 언어로 표현한 것입니다. 우리 집 주소가 위치를 나타내는 것을 아이들도 알게 되면 아이들도 수학의 규칙성을 이해하게 될 것입니다.

우리 아이는요~

송유진 (4년 1개월)	우리 유진이는 이렇게 우편물을 찾아보면서, 1502호 우편함과 1501호 우편함이 왜 옆에 있는지도 물어보았어요. 101, 201, 301, 401……이 있는 것을 발견하게 되었어요. 그전에는 위층 옆집이라는 개념은 없고, 그냥 16층이라고 하던 아이가, 이제는 "자애 언니 집은 위층이고 옆집이니까, 1601호네."라고 생각하게 되었어요. 또 아파트 301동 뒤에는 302동이라는 것을 알게 되었어요. 그리고 301동 옆에 건물이 있으면, 그곳이 302동이라고 생각하게 되었어요.

2. 극장의 좌석 찾기

★ **숫자가 위치를 나타냄을 이해할 수 있어요.**

★ **좌석의 규칙을 이해할 수 있어요.**

● **준비물 :** 영화표

● 만 4~5세 아이들과 함께 해요.

★ 이렇게 해 보세요!

① 입구에서 좌석 배치도와 영화표를 확인해요.

→ 엄마 A, B, C, D 그리고 1, 2, 3, 4, 5로 좌석이 놓여 있구나! 영화표에 적힌 좌석을 찾아볼까? 엄마는 5번이네.

→ 아이 (영화표를 보며) 난 6번이에요.

② 아이와 함께 영화표에 적힌 숫자를 보고 실제 좌석을 찾아보아요.

→ 엄마 K열 5라고 적혀 있구나. 앞쪽으로 가면서 줄마다 A, B, C 그리고 옆으로 가면서 칸마다 1, 2, 3, 4구나. 그럼 수연이 좌석도 찾아볼까?

→ 아이 (영화표를 보며) 엄마, 난 6번이에요.

→ 엄마 K열 6이구나. 엄마 옆이구나.

③ 숫자와 위치의 관계에 대해 이야기해 보아요.

엄마 수연이 앞자리 아저씨는 뭐라고 적혀 있을까?

아이 (영화표를 보며) 아저씨도 6번이에요.

엄마 그래 J열 6번이구나.

엄마만 살짝 보세요!

숫자는 많은 곳에서 우리의 삶을 편리하게 만들어 주고 있습니다. 특히 리모컨, 엘리베이터 등에서 찾아볼 수 있습니다. 아이들과 극장에 함께 가게 되면, 우리는 아이들과 어떤 좌석에서 보면 더 잘 보일지 이야기를 나누고, 표를 받으면 아이들과 좌석 표를 들고 숫자가 어떻게 활용되고 있는지 함께 참여하는 경험을 제공할 수 있습니다.

이 모든 일들이 엄마가 혼자 하는 것이 아니라 아이와 함께 하면 아이에게도 좌석표를 보고 좌석을 찾으면서 문제 해결력도 함께 생기는 것이니, 오늘 한번 꼭 해 보세요. 영화만 보는 것보다 더 많은 것을 얻을 수 있지 않을까요?

우리 아이는요~

이혜연 (4년 1개월)	영화관 매표소에 줄을 서면, 영화표를 구입하기 위해서 서서 기다리는 시간이 있어요. 이때 아이와 앞자리, 중간 자리, 뒷자리 중 어떤 자리가 좋을지, 그리고 중앙 자리, 양 끝자리 중 어떤 자리가 좋을지를 함께 이야기했어요. 영화표를 받았어요. 이제 표에 적힌 숫자를 보고 몇 관인지를 찾아가야죠. 상영관 입구를 찾아 앞에 가서 좌석 배치도를 보면서 좌석을 찾아보고, 그리고 배치도로 찾아본 좌석을 실제로 찾아 앉아서 영화를 보았어요. 그전에는 영화를 통해 간접적인 경험을 제공하고 공부가 된다고 생각했는데, 이 활동을 통해서 영화를 보기 위해 기다리는 시간도 지루하지 않고, 즐겁고 유익한 시간이 되었습니다.

3. 은행 대기표

★ **큰 숫자를 읽어 볼 기회를 가질 수 있어요.**

★ **숫자를 세는 다양한 방법 중 계속 세기를 할 수 있어요.**

★ **거꾸로 세기를 해 볼 기회를 가질 수 있어요.**

- **준비물 :** 통장, 은행 대기표
- 만 4~5세 아이들과 함께 해요.

★ **이렇게 해 보세요!**

① 은행에 가서 대기표를 뽑고, 대기표에 있는 큰 수를 읽어 보아요.

→ 엄마 우리 대기 번호가 몇 번이지?

→ 아이 (대기표를 보며) 엄마, 523번이에요.

② 대기하는 사람이 몇 명 남았는지 이야기해 보아요.

→ 엄마 몇 명이 기다리고 있을까? 몇 번이 적혀 있지?

→ 아이 (대기 순서판을 보며) 엄마, 520번이에요.

→ 엄마 지금 520번을 뽑은 사람이 하고 있으니까, 우리는 몇 명 더 기다려야 될까?

→ 아이 우리는 523번이니까, 521, 522, 2명 더 하고 우리 차례가 되요.

③ 거꾸로 셀 수 있어요.

→ 엄마 그럼, 우리 순서 523부터 520까지 거꾸로 세어 볼까?

→ 아이 (대기 순서판을 보며) 엄마, 지금 520번이니까, 우리 번호표 523, 522, 521, 3명만 기다리면 돼요!

엄마만 살짝 보세요!

아이들은 큰 수 세기를 즐거워해요. 벌써 아이들 주위에는 큰 수들이 많아요. 아파트 동, 호수는 303동 702호, 과자는 2,000원, 버스 번호는 700번 등 유아들 주위에 벌써 큰 수들이 자리 잡고 있어요. 일상에서 자주 큰 수를 접할 수 있도록 해 주세요.

우리 아이는요~

신진우 (5년 1개월)	은행에서는 기다리는 시간이 길어 아이가 지루해하거나 장난을 칩니다. 하지만, 이렇게 대기표를 뽑고 차례를 기다리며 수 활동을 하게 되니 엄마를 따라온 것이 아니라 능동적인 학습자가 되어 스스로 사고하고 있습니다.

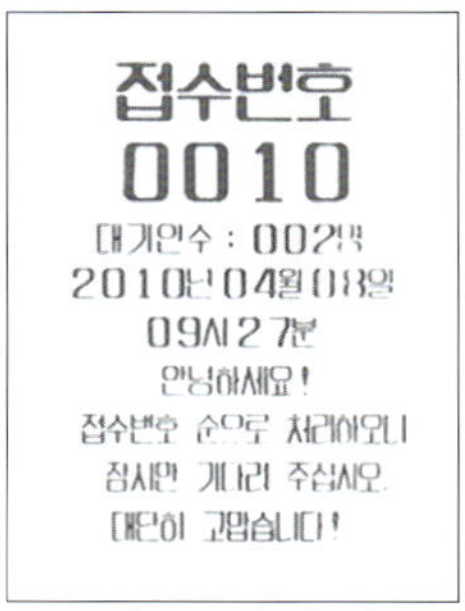
접수번호
0010
대기인수 : 002명
2010년 04월 08일
09시 27분
안녕하세요!
접수번호 순으로 처리하오니
잠시만 기다려 주십시오.
대단히 고맙습니다!

4. 유치원에 갈 시간

★ **시간에 관심을 가질 수 있어요.**

★ **순서를 알 수 있어요.**

- **준비물** : 디지털 시계(숫자가 보이는 시계 7:30)
- 4~5세 아이들과 함께 해요.

★ **이렇게 해 보세요!**

① 시간에 관심 갖도록 시간을 말해 주세요.

→ 엄마 혜연아 일어나. 지금 7시 30분이야. 언니는 벌써 10분 전에 일어났어.

Tip
- '빨리/늦게'라는 시간 관련 어휘를 사용해 보세요.
- 좀 더 익숙해지거나, 나이 든 아이들에게 "오늘은 5분 더 빨리 일어났구나!"라고 해 봐 주세요.

② '먼저/다음/마지막' 에 대해 이야기해요.

→ 엄마 유치원에 가려면 제일 먼저 뭘 해야 할까?

→ 아이 세수해요.

→ 엄마 그 다음에는 뭘 할까?

Tip
"세수하고, 밥 먹고, 양치질하고, 옷 갈아입고, 가방 메고, 신발 신고 출발!" 처음부터 6개 정도를 할 수는 없습니다. 한두 개씩 차근차근 해 나가요.

③ 시간을 예측해 보아요.

→ 엄마 유치원 버스가 올 시간이 되었네. 언제 집에서 나가야 할까?

엄마만 살짝 보세요!

시간은 보이지 않는 추상적인 것입니다. 그래서 아이들이 시간을 이해하기는 어렵습니다. 하지만 일상생활 속에서 시간을 경험하는 것은 아이들이 자연스럽게 시간을 알게 되는 계기가 됩니다. 자주 시간에 대해 이야기(시계의 짧은 바늘이 5를 가리킬 때, "지금 5시구나"/디지털 시계를 보며, "지금 5시구나.")를 해 보세요!

우리 아이는요~

이혜연 (4년 1개월)	시간에 대한 이야기를 나누지 않았을 때에는 혜연이가 더 늦게 등원 준비를 하고 "오늘은 가기 싫어."라고 했어요. 그래서 느리게 준비하는 딸을 보면서 엄마는 화를 내게 되고, 결국 즐겁지 않은 등원 시간이었어요. 아침에 일어나서 등원 준비하는 것은 엄마 뜻대로 되질 않아서 힘들 때가 많아요. 하지만 이런 활동을 하고부터는 "늦었다. 빨리 해라."라고 외치지 않게 되었지요. 알람 시계가 8시 30분을 알려주면, '양치질할 시간이구나!'를 알고, 스스로 하게 되었어요.

이야기책 읽기

아이들에게 이야기책을 읽어 주는 활동에서도 수학적 사고의 기회를 제공할 수 있습니다. 이야기책을 읽으며, 자연스러운 대화를 통해 수학적 사고를 하도록 유도한 것입니다.

아이들에게 수학적 사고를 유도할 수 있고, 즐겁게 읽을 수 있는 이야기책을 몇 가지 골라 보았습니다. 아이와 함께 이야기책을 읽으면서 수학적 질문과 활동을 재미있게 제시한다면 아이들은 다양한 상황에서 수학적인 사고를 적용하는 방법을 배우게 될 것입니다.

- 커다란 순무
- 또또와 사과나무
- 누가 내 머리에 똥 쌌어?
- 곰 세 마리
- 곰 사냥을 떠나자

1. 커다란 순무

★ **수를 셀 수 있어요.**

★ **서수를 말할 수 있어요.**

- **준비물 :** 『커다란 순무』
- 만 3~5세 아이들과 함께 해요.

이야기책 내용

손녀는 할머니를 붙들고, 할머니는 할아버지를 붙들고, 할아버지는 무를 붙들었습니다. 그리고 세 사람은 무를 잡아당기고 또 잡아당겼는데 무가 뽑히질 않는 거예요.

알릭셰이 톨스토이 글/헬린 옥슨버리 그림/박향주 역. 시공주니어. 2000

★ **이렇게 해 보세요!**

① 우리 아이들과 함께 수 세기를 해 봐요.

- 엄마 다음은 누가 왔어?
- 아이 손녀!
- 엄마 그렇구나, 모두 몇 명이 되었지?
- 아이 (손가락으로 세면서) 할아버지, 할머니, 손녀니까 3사람.

② 우리 아이들과 함께 서수에 대해 이야기해 봐요.

- 엄마 그래, 그런데 첫 번째 무를 잡은 사람은 누구였어?
- 아이 할아버지, 두 번째는 할머니, 세 번째는 손녀.

엄마만 살짝 보세요!

서수는 순서를 나타내는 말이에요. 첫째, 둘째, 셋째로 수를 세는 거죠! 물체나 무엇인가를 센다는 것은 수 세기(1:1대응학:, 안정된 순서의 원리, 기수의 원리, 추상화의 원리, 순서 무관의 원리)를 이해해야 해요. 재미있는 그이야기책을 통하여 수 세기 활동을 한번 해 보세요.

우리 아이는요~

이락윤 (3년 6개월)	『커다란 순무』를 읽고 동극을 해 보았어요. 냉장고에 들어 있는 무를 꺼내어 엄마, 락윤이, 동생이 함께 잡아당기고, 순서를 바꾸어 붙들고 놀았지요. 다음에는 뭘 뽑아 볼까? 거실에 있는 큰 나무를 보더니, 인형들을 데리고 오기도 했어요.

2. 또또와 사과나무

★ **세는 활동을 통하여 수 개념을 이해해요.**

★ **구체적인 경험을 통해 수의 양을 이해하며 셀 수 있어요.**

- **준비물 :** 『또또와 사과나무』, 사과 10개, 사과를 담을 바구니와 쟁반, 달력
- 만 4~5세 아이들과 함께 해요.

이야기책 내용

사과나무에 사과가 8개 있어요. 생쥐는 사과가 먹고 싶었어요. 비둘기, 원숭이, 코끼리, 기린, 캥거루, 코뿔소가 사과를 하나씩 먹는 것을 보고, 생쥐도 따라 해 보아요. 하지만 사과를 먹을 수 없어요. 어떻게 먹을 수 있을까요?

나카에요 시오 글/우에노 노리코 그림/이재은 역. 세상모든책. 2008

★ **이렇게 해 보세요!**

① 거꾸로 세기를 해 보아요.

- 엄마 (첫 장을 보며) 사과가 몇 개 있어요?
- 아이 8개.
- 엄마 (두 번째 장을 보며) 사과가 몇 개 있어요?
- 아이 7개.
- 엄마 (책장을 넘기지 않고) 그 다음은 사과가 몇 개 있을까?
- 아이 6개.
- 엄마 (세 번째 장을 보며) 정말 사과가 6개 있구나!

② 빼기를 할 수 있어요.

엄마 사과가 8개 있었는데 비둘기가 하나를 먹었어요. 몇 개가 남았지?

아이 7개 남았어요.

……

아이 (제일 마지막 장에) 이제 하나도 없어.

③ 그림을 보며 문제를 만들어 보아요.

엄마 이 그림을 보면 사과가 7개 있었는데, 원숭이가 한 개를 먹었어요. 몇 개가 남았을까?

아이 이 그림은 사과가 7개 있는데, 원숭이가 한 개를 먹었어요. 그래서 6개가 남았어요.

엄마만 살짝 보세요!

아이들의 수 세기는 물체를 전부 셀 수도 있고 손가락을 사용하여 셀 수도 있어요. 그리고 이 이야기책처럼 뺄셈이 일어나는 상황이 있어요. 이럴 때 덜어 내거나, 더해 가며 셀 수 있어요. 뇌 연구에 따르면 거꾸로 세기를 할 때 뇌를 더 자극한다고 합니다. 10, 9, 8, 7, 6…… 거꾸로 세기는 전자 오븐을 사용할 때 활용할 수도 있어요.

우리 아이는요~

김종원
(5년 3개월)

아이들이 먹기 싫어하지만, 엄마의 마음은 그렇지 않을 때가 있어요.
접시에 고기가 있어요. "1번, 2번, 3번, 4번, 5번, 6번 몇 번 먹고 싶어요?" 우리 종원이는 "3번" 하면서 쏙 먹어요. 그때 "몇 개 남았지?", "5개 남았구나." 이렇게 하다 보면 어느 순간에 다 먹고 없답니다.

3. 누가 내 머리에 똥 쌌어?

★ **많고 적음을 알 수 있어요.**

★ **양과 수의 관계에 대해 관심을 가질 수 있어요.**

● **준비물 :** 『누가 내 머리에 똥 쌌어?』

● 만 4~5세 아이들과 함께 해요.

베르너 홀츠바르트 글/볼프 에를브루흐 그림. 사계절. 2009

이야기책 내용

어느 날 두더지가 땅 위로 고개를 쑥 내밀었는데 누가 두더지 머리에 똥을 쌌어요. 두더지는 누구의 똥인지 알아보려고 동물들에게 물어보아요. 마침내 파리를 만나 누구의 똥인지 알게 됩니다.

★ **이렇게 해 보세요!**

① 똥의 크기에 대해 이야기를 나누어 보아요.

→ 엄마 어떤 동물의 똥이 컸어요?

→ 아이 (책장을 넘기며) 비둘기 똥은 작고, 말의 똥은 크고, 토끼 똥은 작고, 염소 똥도 작고, 소의 똥은 크고, 돼지 똥은……. 엄마, 돼지 똥은 큰지 작은지 모르겠어요?

② 기준을 가지고 크기에 대해 이야기를 나누어 보아요.

→ 엄마 돼지의 똥은 크다고 해야 할지, 작다고 해야 할지, 엄마는 모르겠구나? 무엇과 비교해 보면 될까?

아이 비둘기 똥은 두더지 머리에 있는 똥보다 더 작고, 말의 똥은 더 크고, 토끼 똥은 더 작고, 염소 똥은 더 작고, 소똥은 더 크고, 돼지 똥은 …… 크지도 작지도 않고, 비슷해요.

③ 크기가 큰 동물과 몸의 크기가 작은 동물의 똥의 크기를 비교해 보고, 예측해 보아요.

엄마 큰 똥을 눈 동물은 누구니? 그 동물의 몸의 크기가 클까, 작을까?
가장 큰 동물은 어떤 동물일까? 그 똥의 크기는 얼마만큼 클까?

아이 소똥도 크고, 말똥도 커요?

엄마 소와 말의 몸 크기는 어떠니? 클까, 작을까?

아이 소도 말도 커요. (몸이 큰 동물은 똥도 크구나!)

엄마 그러면 몸이 작은 동물은 똥의 크기가 어떨까?

아이 몸이 작으면 똥도 작을 것 같아요.

엄마 동화책에는 나오지 않았지만 큰 동물은 어떤 동물이 있을까?
그 똥의 크기는 얼마만큼 클까?

④ 양과 수의 관계에 대해 이야기해요.

엄마 누구 똥이 여러 개일까?

아이 (책장을 넘기며) 토끼와 염소.

엄마 그렇구나! 토끼와 염소구나. 그림에서 토끼는 똥을 몇 개 쌌는지 찾아볼까? 염소는 몇 개 쌌는지 볼까?

아이 (하나하나 손가락으로 짚으며) 토끼 똥은 하나, 둘, 셋, 넷 …… 15개, 염소 똥은 하나, 둘, 셋, 넷 …… 10개. 엄마, 토끼 똥이 더 많아요.

엄마 이번에는 토끼와 말 중 누구 똥이 더 많을까?

아이 토끼 똥이 더 많아요.

엄마 그러면, 말똥은 토끼 똥보다 적으니?

아이 음…….

엄마 말똥은 크기는 크고 개수는 적고, 토끼 똥은 크기는 작은데 개수는 많아요.

➔ 아이 크고 적고, 많고 작고.

엄마만 살짝 보세요!

우리 아이들은 무엇부터 잴 수 있을까요? 길이 → 높이 → 부피 → 무게를 잴 수 있게 되요. 그래서 그런지 아이들과는 "무엇이 더 기니?", "누가 더 키가 크니?"처럼 길이 측정이나 높이 측정을 많이 하게 되지요.

부피와 무게를 측정해 보는 활동도 많이 해 보세요.

우리 아이는요~

민지해 (4년 7개월)	아이들은 똥 이야기, 방귀 이야기, 오줌 이야기를 너무 재미있어 해요. 이 책도 똥 이야기라 우리 딸이 너무 좋아하네요. 지해와 동화책을 읽고 신문을 구기는 놀이를 했어요. 구겨서 큰 똥도 만들고, 작은 똥도 만들면 소근육 발달에도 좋고, 스트레스 해소에도 좋고……. 다 끝나고 비닐봉지를 준비하여 "공을 만들자."라고 해 보세요. 정리도 즐겁게 한답니다.

4. 곰 세 마리

★ **크기 비교하기를 할 수 있어요.**

★ **크기 순서대로 놓을 수 있어요.**

● **준비물 :** 『곰 세 마리』, 접시 3~7개

● 만 4~5세 아이들과 함께 해요.

폴 갤돈 글 · 그림/허은실 역. 보림. 2004

이야기책 내용

큰 곰, 크지도 작지도 않은 곰, 작은 곰이 나와요. 침대도, 의자도, 접시도 모두 큰 것, 크지도 작지도 않은 것, 작은 것이 있어요. 어느 날, 곰 세 마리가 산책을 하고 집으로 돌아오니 금발머리가 곰 세 마리네 집에 와 있는 것이 아니겠어요.

★ **이렇게 해 보세요!**

① '가장 크고 가장 작은'을 아이들과 이야기해 보고, 예측해 보아요.

- 엄마 가장 큰 곰은 누구일까? 가장 작은 곰은 누구일까?
- 아이 아빠 곰, 아기 곰.
- 엄마 작은 곰은 큰 곰보다 얼마나 더 클까?
- 아이 …….
- 엄마 손으로 재어 볼까?
- 아이 이만큼이요?

② 곰 가족들의 침대, 의자, 접시를 순서대로 놓아 보세요.

엄마 접시를 큰 순서로 놓아 볼까?

아이 제일 크고, 그 다음, 그 다음.

엄마 접시를 작은 순서로 놓아 볼까?

아이 가장 작고, 그 다음, 그 다음.

엄마 네가 놓은 것을 말해 볼까?

③ 키를 잴 수 있는 방법에 대해 이야기해 보아요.

엄마 키를 잴 수 있는 방법에는 무엇이 있을까?

아이 엄마 옆에 내가 서 볼게요. 엄마 가슴만큼 와요. 나 키 많이 컸죠?

④ 다양한 방법으로 길이를 측정하는 방법에 대해 이야기해요.

엄마 또 다른 방법으로 키를 잴 수 있을까?

Tip 벽돌 블록으로 재어 보기, 줄이나 노끈으로 재어 보기, 롤 화장지로 재어 보기

엄마만 살짝 보세요!

'~보다 크다, ~보다 작다' 라는 표현을 사용하여 크기를 비교하고, 순서를 지어 보는 것은 수 활동의 기초입니다. 사물의 크기, 수 등으로 분류하고, 순서 짓기를 해 보는 것이 바로 패턴, 관계 함수의 이해를 위한 기초 능력이라고 할 수 있지요.

우리 아이는요~

김혜지 (3년 11개월)	큰 곰과 작은 곰, 크지도 작지도 않은 곰에서 '크지도 작지도 않은 곰'이라는 표현이 참 재미있나 봐요. 이 그림책을 통해 우리 혜지는 동생이 태어나고 나서 아빠는 제일 크고, 엄마는 크고, 동생은 작고, 자신은 크지도 작지도 않다고 이야기하게 되었지요. 그리고 어른들은 그림책에서 글을 주로 보지만, 아이들은 그림을 봅니다. 『곰 세 마리』 그림책에서 아빠곰, 엄마곰, 아기곰이 의자에 앉아 책을 보고 있는데 아빠곰 책은 작아 보이고, 아기곰 책은 커 보이는 거예요. 상대적으로 책이 작아 보이는 것에 대해 아이가 질문을 하네요. 여러분들은 어떻게 대답해 주시나요?

5. 곰 사냥을 떠나자

★ 사건의 순서를 말할 수 있어요.

★ 거꾸로 순서를 말할 수 있어요.

- **준비물 :** 『곰 사냥을 떠나자』
- 만 4~5세 아이들과 함께 해요.

이야기책 내용

사람들이 함께 곰을 잡으러 떠납니다. 숲을 지나, 진흙탕을 지나, 결국 곰이 살고 있는 동굴로 들어갑니다. 하지만, 다시 곰에게 쫓기는 상황에서 지나갔던 곳들을 거꾸로 돌아오게 됩니다.

가이클 로젠 글/헬린 옥슨버리 그림/공경희 역. 시공주니어. 2006

★ 이렇게 해 보세요!

① 사건의 순서를 우리 아이들과 함께 이야기해요.

→ 엄마 제일 먼저 어딜 지나갔지? 그 다음은, 그 다음은?

→ 아이 제일 먼저 풀밭을 지나갔어요. 그 다음은 강, 그 다음은 진흙탕.

② 역순에 대해 아이들과 함께 이야기해요.

→ 엄마 곰이 사람들을 잡으려고 해요. 사람들은 제일 먼저 어딜 지나고, 그 다음은, 그리고 또 그 다음은 어딜 지나갔지?

→ 아이 제일 먼저 동굴을 빠져나왔어요. 그 다음은 눈보라, 그 다음은 숲.

③ 사건의 순서를 통해 예측할 수 있어요.

엄마 엄마랑 우리도 곰 잡으러 가 볼까? 곰은 어디에 있다고 할까?

아이 빵집 옆에.

엄마 자 그럼 곰 사냥을 떠나 볼까? 문을 열고 나가서 엘리베이터를 타고 어디를 지나갈까?

아이 주차장을 지나, 놀이터를 지나, 마트를 지나…….

④ 공간에서 위치를 알아보아요.

엄마 소파 위로 지나가 보세요. 식탁 밑으로 지나오세요.

엄마만 살짝 보세요!

이 동화도 아이들이 참 좋아하는 동화입니다. 왜일까요? 아이들은 쫓고 쫓기는 놀이를 좋아해요. 그리고 숨고 찾는 놀이를 좋아한답니다. 어린 아이들에게 "의자 아래에 있는 공을 가져오세요."라고 하면 의자 옆에서 계속 찾고 있어요. 왜일까요? 그래요, 바로 위, 아래, 안, 밑 등 위치를 나타내는 단어를 잘 몰라서 공을 가져올 수 없답니다.

우리 아이는요~

천종원 (3년 8개월)	동화를 읽고 엄마가 곰이 되어 아이를 잡으러 가고 아이는 이불 속에 숨는 장면을 재현해 보았습니다. "제일 처음에 어디를 지나가지? 그리고 다음은, 또 다음은? 우리는 곰이 살고 있는 동굴을 어떤 것으로 할까?/어떻게 꾸밀 수 있을까?" 아빠가 곰 역할을 하고 엄마와 종원이가 함께 곰을 잡으러 가는 놀이를 했어요. 잡히면 곰이 된다는 규칙을 만들었더니, 우리 종원이는 곰이 되고 싶어서 곰에게 잡히려고 노력하는 거예요.

| 아이와 함께 할 수 있는 수학 이야기책 |

	이야기책 제목	출판사	글	그림
1	내 나무가 최고야	아가월드	홍혜경	정지예
2	곰 세 마리	보림	폴 갤돈	
3	커다란 순무	시공주니어	알릭세이 톨스토이	헬린 옥슨버리
4	로지의 산책	더큰컴퍼니	팻 허친스	
5	작은 집 이야기	시공주니어	버지니아 리 버튼	
6	모자 사세요!	시공주니어	에스퍼 슬로보드키나	
7	깊은 밤 부엌에서	시공주니어	모리스 센닥	
8	누가 내 머리에 똥 쌌어?	사계절	베르너 홀츠바르트	볼프 에를브루흐
9	소피가 화나면 정말정말 화나면	케이유니버스	몰리 뱅	
10	관찰력을 길러 주는 또또와 사과나무	세상모든책	나카에요 시오	우에노 노리코
11	아기 오리는 어디로 갔을까요?	비룡소	낸시 태퍼리	
12	아기 공룡이 태어났어요	아가월드	홍혜경	류진화
13	알록달록 동물원	시공주니어	로이스 엘러트	
14	아기 세모의 세 번째 생일	파랑새	필립 세들레츠스키	
15	우리 순이 어디 가니	보리	윤구병	
16	으뜸 헤엄이	마루벌	레오 리오니	
17	커져라 커져라 이불	국민서관	차보금	
18	한이네 동네 이야기	진선출판사	강전희	
19	할머니의 수프	문학동네	하야시바라 다마에	
20	함께 세어 보아요	마루벌	미쯔마사안노	
21	배고픈 애벌레	더큰컴퍼니	에릭 칼	
22	수학의 저주	시공주니어	레인 스미스	존 세스카
23	돌멩이 수프	시공주니어	마샤 브라운	
24	꿈틀꿈틀 자벌레	파랑새어린이	레오 리오니	
25	곰 사냥을 떠나자	시공주니어	마이클 로젠	헬린 옥슨버리

저자소개

| 홍혜경 | 전남대학교 유아교육과 교수

| 김정아 | 광양보건대학 유아교육과 교수

| 차현화 | 전남대학교 유아교육과 강사

| 김 현 | 순천제일대학 유아교육과 교수

| 김현정 | 남부대학교 유아교육과 교수

| 천혜경 | 전남대학교 유아교육과 강사

부모와 함께 하는

일상생활 속 수학 놀이

초판 1쇄 발행 2010년 12월 10일
초판 3쇄 발행 2018년 1월 2일

지 은 이 | 홍혜경 김정아 차현화 김 현 김현정 천혜경
펴 낸 이 | 김기섭
책임편집 | 태선옥
펴 낸 곳 | 창지사 www.changjisa.com
08589 서울시 금천구 가산디지털 1로 83 파트너스타워1차 9층
전화 (02) 719-2211~3
팩스 (02) 701-9386
등 록 | 1977년 4월 28일 · 제1-421호

ISBN 978-89-426-0583-5 93370

값 11,000원